Golf spielen ist ...

„... einen winzigen Ball in ein noch viel kleineres Loch zu spielen und das mit einer Ausrüstung, die zu diesem Zweck völlig ungeeignet ist."

Winston Churchill

„... einen Ball durch einen Schlag oder aufeinander folgende Schläge in Übereinstimmung mit den Regeln vom Abschlag in das Loch zu spielen."

Regel 1-1.

Stimmen zum Buch

„Nach den Regeln zu spielen, ist für Professionals alltägliche Selbstverständlichkeit. Doch auch für Amateure empfiehlt es sich, die Regeln zu kennen. Erstens lassen sich dadurch Vorteile für das eigene Spiel ableiten und zweitens zeigt es Achtung für den wahren Geist des Golfspiels. Dieses Buch wird Ihnen helfen, die Regeln – welche manchmal selbst für Pros etwas verwirrend erscheinen – besser zu verstehen und wird Ihnen zu besseren Scores verhelfen."

Gary Player, Golflegende und Gewinner des Grand Slam*

„Als Tour-Spieler bin ich mir stets bewusst, dass genaue Kenntnis der Regeln und ihre richtige Anwendung über Sieg oder Niederlage entscheiden können. Wenn Sie bis anhin Ihre liebe Mühe mit den Golfregeln hatten – mit Yves' Buch kapieren Sie sie garantiert. Vermeiden Sie unnötige Strafschläge und nutzen Sie die Regeln zu Ihrem Vorteil, damit Sie immer zu den Siegern gehören."

Alex Cejka, Deutschlands Nr. 1 Profigolfer

„Sport ist Lebensschule. Der Golfsport mit seinem einzigartigen Ehrenkodex und den strikten Spielregeln ist ein besonders gutes Beispiel dafür – denn sowohl im Sport wie auch im Leben ist es wichtig, sich an die Regeln zu halten. Dieses Buch erklärt Regeln und Etikette auf leicht verständliche Weise und wird Ihnen damit zu mehr Freude beim Golfspiel verhelfen."

Adolf Ogi, alt Bundesrat und UNO Sonderbeauftragter für Sport im Dienst von Entwicklung und Frieden

„Das allgemeinverständlich geschriebene Buch zählt mit seinen Fallbeispielen zu den besten Darstellungen des Regelwerks."

Erich Helmensdorfer, Frankfurter Allgemeine Zeitung

„Absolutes Muss für alle Golfer."

Markus Köchli, Handelszeitung

* Der Grand Slam ist die größte Leistung im Golfsport und besteht darin, alle vier großen „Major" Turniere – Masters, US Open, British Open und PGA Championship – zu gewinnen. In der Geschichte des Golfsports haben das nur fünf Spieler jemals geschafft.

2008–2011

Golfregeln & Etikette
Klipp und klar!

Yves C. Ton-That

**Das leicht verständliche Standardwerk
mit über 100 Illustrationen.**

golfregeln.eu

Impressum

Verlag:
Artigo Publishing International
Artigo GmbH
Am Wasser 55
CH-8049 Zürich
Telefon: +41-43-321 55 55
Telefax: +41-43-321 55 56
E-Mail: info@golfregeln.eu
www.golfregeln.eu

Text:
Yves C. Ton-That

Illustrationen:
Roland Hausheer, Yves C. Ton-That

Fotos:
Oli Rust, Reto Zimpel

Umschlaggestaltung/Layout:
Stefan Vogelsanger

17. Auflage

Herausgegeben 2008

ISBN 978-3-909596-20-1

Vormals erschienen unter ISBN 978-3-909596-01-0

Danksagung

Ein Regelbuch entsteht nicht von heute auf morgen. Vielmehr wächst es im Laufe der Jahre – so auch das vorliegende Werk. Vor vielen Jahren als knapp dreißigseitige Dokumentation für ein Dutzend Golfschüler konzipiert, hat es sich zu einem stattlichen Buch mit heute nahezu 200 Seiten gemausert. Es ist mir ein großes Anliegen, allen daran Beteiligten für ihre großartige Unterstützung zu danken.

Im Besonderen geht mein Dank an David Rickman vom Royal and Ancient Golf Club of St. Andrews wie auch an Jeff Hall und David Staebler von der United States Golf Association. Überdies an Alexander Klose vom Deutschen Golfverband sowie an Daniel Pfister, Hans Huonder und Andreas Spenger von der Association Suisse de Golf. Nur mit Hilfe ihres umfangreichen Fachwissens und ihrer unentwegten Unterstützung konnte sichergestellt werden, dass im vorliegenden Buch die Regeln präzis wiedergegeben sind.

Zudem danke ich im Besonderen Gary Player, Adolf Ogi und Alex Cejka – von ihnen unterstützt und bestärkt zu werden, ist für mich große Anerkennung, dank welcher die Arbeit doppelt Spaß macht.

Ein großer Dank geht auch an alle Kollegen in den Medien, deren stets wohlwollende und großherzige Unterstützung maßgeblich zur Popularität dieses Buchs beigetragen hat. Vielen Dank für eure Treue über all die Jahre.

Dankend erwähnen möchte ich auch Walter Künzi, dessen Pioniergeist im Golfsport ausschlaggebend für die Erschaffung dieses Buchs war.

Großer Dank auch an meine Freunde Stefan Vogelsanger für Layout und Umschlag, Roland Hausheer für die vortrefflichen Illustrationen, Jana Jill Hümmer für die Schlussredaktion und Charles Santl für die Betreuung unserer Website www.golfregeln.eu. Dank der liebenswürdigen Unterstützung von Model Jacqueline Sander, mache ich auf einigen Bildern sogar eine gute Figur.

Ein ganz spezieller Dank geht an alle Schüler und Leser, die mit zahlreichen Anregungen, Lob und auch Kritik das Buch zu dem werden ließen, was es heute ist. Herzlichen Dank!

Autor

Yves C. Ton-That ist seit Jahren mit dem Golfsport verbunden. Der Handicap-4-Spieler ist Autor mehrerer preisgekrönter Golfbücher, die inzwischen in über 20 Sprachen erhältlich sind. Zudem hat er für Golfmagazine auf der ganzen Welt unzählige Artikel verfasst.

Besonders bekannt ist Ton-That für seine Ausführungen zu den Regeln. Er gilt als einer der weltweit führenden Experten auf diesem Gebiet und wird deshalb auch als „Regelpapst" bezeichnet. Der offizielle Schiedsrichter ist studierter Jurist. Er lebt und arbeitet in Zürich.

Weitere Bücher des Autors:

- **Golfregeln kompakt**
  Der praktische Regelführer zur Verwendung auf dem Platz.

- **Soll ich droppen oder was ...?**
  Amüsante Geschichten zu den Golfregeln, Band I.

- **Soll ich Fore rufen oder was ...?**
  Amüsante Geschichten zu den Golfregeln, Band II.

- **Überleben auf dem Golfplatz**

- **GOLF ZITATE**
  Die schönsten Zitate, Sprichwörter und Aphorismen rund um den Golfsport.

(Informationen zu diesen Titeln finden Sie am Ende dieses Buchs.)

Vorwort

Keine andere Sportart kennt so zahlreiche Spiel- und Verhaltensregeln wie das Golfspiel. Zudem sind die Golfregeln kompliziert wie kaum ein anderes Regelwerk, wodurch es sehr schnell passieren kann, dass man unwillentlich gegen eine Regel verstößt und sich somit Strafschläge einhandelt. Um Erfolg und Spaß beim Golfspiel zu haben, ist somit ein solides Grundwissen über die Regeln unabdingbare Voraussetzung.

Zudem enthalten die Regeln nicht nur Gebote und Verbote, sondern statuieren auch zahlreiche Rechte, welche es dem Golfspieler beispielsweise ermöglichen, sich aus einer misslichen Lage zu befreien, ohne unnötig Schläge einzubüßen. Ob Sie also von Erleichterungsmöglichkeiten Gebrauch machen oder sich vor drohender Strafe zu bewahren wissen, mit genauer Kenntnis der Regeln werden Sie in jedem Fall bessere Resultate erzielen. Eine Besonderheit des Golfspiels ist überdies, dass man häufig gegen sich selbst (bzw. gegen das eigene Handicap) oder gegen den Platz spielt und dabei sozusagen der eigene Schiedsrichter ist, weswegen genaue Regelkenntnis unumgänglich ist.

Auf den Anfänger mögen die komplizierten Regeln abschreckend wirken und ihn irrtümlicherweise zur Annahme verleiten, dass die genaue Kenntnis all dieser Normen auf seinem Niveau noch keine große Rolle spiele. Allerdings ist es nun vielmehr so, dass gerade das Beherrschen der Regeln und vor allem der Etikette wichtige Voraussetzung für ein Freude bereitendes Golfspiel ist. Egal, ob ein Spieler scratch (Handicap 0) spielt oder weit über 100 Schläge benötigt, man misst ihn stets auch an seinem Verhalten. Deshalb kann das beste Resultat ein ungebührliches Benehmen nicht rechtfertigen. Hingegen werden selbst Weltklassespieler gerne mit einem Anfänger auf die Runde gehen, wenn dieser sich korrekt zu benehmen weiß und das Spiel nicht unnötig verzögert.

Ziel dieses Buchs ist es nicht nur, Ihnen die Spielregeln näher zu bringen, sondern ganzheitlich aufzuzeigen, welches Verhalten auf einem Golfplatz in aller Regel erwartet wird. Ich bin überzeugt, dass Sie ein geachteter Mitspieler und in jedem Club ein stets willkommener Gast sein werden, wenn Sie sich die nachfolgenden Ratschläge zu Herzen nehmen.

In diesem Sinn wünsche ich Ihnen viel Spaß beim Lesen und allzeit schönes Spiel.

Yves C. Ton-That

PS: Im vorliegenden Text habe ich eine Sprache gewählt, welche möglichst einfach und verständlich sein soll. Im Interesse einer besseren Lesbarkeit habe ich auf die jeweils weibliche Form (Spielerin, Zuschauerinnen usw.) verzichtet, da sie regelmäßig zu komplizierten Formulierungen führen würde. Selbstverständlich sind stets beide Geschlechter angesprochen.

PPS: Meine neuesten Informationen zu den Golfregeln finden Sie jeweils aktualisiert im Internet unter www.golfregeln.eu. Dort können Sie sich auch kostenlos registrieren lassen, damit ich Sie über Änderungen im Regelwerk und brisante Regelfälle informieren und immer auf dem neusten Stand halten kann. Zudem können Sie mich über die erwähnte Internetseite auch per E-Mail erreichen – Kritik, Lob, Anregungen usw. sind stets willkommen.

Inhalt

Abkürzungen

B.i.A.	Boden in Ausbesserung
bzw.	beziehungsweise
CR	Course Rating
d. h.	das heißt
evtl.	eventuell
f./ff.	folgende
GUR	Ground under repair
Hcp	Handicap
i.V.m.	in Verbindung mit
max.	maximal
Min.	Minute(n)
NB	notabene
OB	Out of bounds
o. Ä.	oder Ähnliche(s)
PE/PR	Platzerlaubnis/-reife
R&A	R&A Rules Limited
S.	Seite(n)
sog.	so genannt
SR	Slope Rating
Std.	Stunde(n)
Stfd.	Stableford
USGA	United States Golf Association
usw.	und so weiter
vgl.	vergleiche
z. B.	zum Beispiel

Literatur

Das vorliegende Buch stützt sich auf die folgenden Werke:

- „Offizielle Golfregeln 2008–2011"
  Herausgegeben vom Deutschen Golf Verband e.V. als vom
  R&A Rules Limited lizenzierte Übersetzung.

- „Entscheidungen zu den Golfregeln 2008–2009" (Decisions)
  Herausgegeben vom Deutschen Golf Verband e.V. als vom
  R&A Rules Limited lizenzierte Übersetzung.

- „Vorgaben- und Spielbestimmungen"
  Herausgegeben vom Deutschen Golf Verband e.V.

I. Einleitung

Das vorliegende Buch führt in einem ersten Teil in den geschichtlichen Hintergrund und die Systematik der Golfregeln ein sowie in einige Grundprinzipien des Golfspiels und die Zählweise. Es folgen die Vorschriften zur Verhaltensweise auf dem Golfplatz (Etikette) und anschließend werden die Grundbegriffe, welche zum Verständnis der Regeln unverzichtbar sind, erläutert.

In einem praktischen Teil werden dann die wichtigsten Golfregeln behandelt und anhand von Beispielen erläutert. Auch die Verhaltensregeln der Etikette werden teilweise nochmals aufgegriffen. Dabei wird nicht nach der offiziellen Reihenfolge der Regeln vorgegangen. Vielmehr werden konkrete Spielsituationen aufgezeigt, wie sie im Verlaufe einer Runde häufig vorkommen, anhand derer dann die relevanten Regeln illustriert werden. In den Fußnoten wird jeweils die genaue Regelnummer genannt, so dass die einschlägigen Normen mühelos gefunden und für ein vertieftes Studium hinzugezogen werden können.

Das vorliegende Werk ist als Arbeitsbuch konzipiert und verfügt deshalb über einen breiten Rand für persönliche Notizen sowie ein Kapitel „Wiederholungsfragen", das dem Leser ermöglicht, seinen Wissensstand zu prüfen. Durch das Stichwortverzeichnis kann das Buch auch als Nachschlagewerk benutzt werden. Dennoch soll es das offizielle Regelbuch nicht ersetzen, insbesondere, da es keinen Anspruch auf Vollständigkeit stellt. Dargelegt sind die wesentlichen Regeln, wobei Sonderfälle außer Acht gelassen sind. Um es nicht unnötig kompliziert zu machen, wird auch angenommen, dass Sie ohne Teampartner und ohne Caddie spielen. Die Regeln werden zudem vorwiegend in ihrer Bedeutung für das Zählspiel (Strokeplay) aufgezeigt; die Variante des als Wettspiel weniger verbreiteten Lochspiels (Matchplay) wird in einem Nachtrag behandelt (siehe S. 156ff.).

Zählspiel

Im Zählspiel ist die Gesamtzahl der Schläge ausschlaggebend. Gewinner ist derjenige Spieler, welcher für die Runde am wenigsten Schläge benötigt hat.

NB: Sofern nichts anderes vorgesehen ist, beträgt die Strafe für einen Regelverstoß im Zählspiel 2 STRAFSCHLÄGE.

Lochspiel

Im Lochspiel spielen direkte Gegner lochweise gegeneinander. Gerechnet wird also nach gewonnenen Löchern und nicht nach der Gesamtzahl der Schläge. Gewinner ist derjenige Spieler, welcher am Ende mehr Löcher gewonnen hat (d. h. der Zweikampf ist beendet, sobald ein Spieler mit mehr Löchern führt, als noch zu spielen sind).

NB: Sofern nichts anderes vorgesehen ist, beträgt die Strafe für einen Regelverstoß im Lochspiel LOCHVERLUST.

II. Theorie

1. Geschichte

In der Frühzeit des Golfspiels, als der Rasen noch gemäht wurde, indem Schafe über den Platz getrieben wurden, gab es keine schriftlich festgelegten Regeln. Die Mehrheit der Spieler war des Lesens und Schreibens ohnehin unkundig und so spielte man auf jedem Platz nach eigenen, hausgemachten Regeln.

Als im Frühjahr 1744 eine kleine Gruppe Spieler, die sich damals „Gentlemen Golfers of Leith" (später „The Honourable Company of Edinburgh Golfers") nannte, den Magistrat der Stadt Edinburgh um Stiftung eines Ehrenpreises für ein auszutragendes Turnier anfragte, gab dieser als Wanderpreis einen silbernen Schläger. Allerdings verbanden die Stadtväter mit dem Preis die Auflage, dass es sich um ein offenes Turnier mit möglichst vielen Teilnehmern handeln solle. Dies bedingte nun freilich, dass hierfür allgemein gültige Richtlinien aufgestellt und schriftlich festgehalten wurden und so entstanden die ersten 13 Golfregeln.

Als anno 1754 auf dem Platz von St. Andrews (damals war er weder Royal noch Ancient) ebenfalls ein offenes Turnier ausgetragen werden sollte, übernahmen die dort Verantwortlichen die erwähnten 13 Gebote unverändert. Da im Laufe der Zeit die Edinburgh Golfers mit finanziellen Problemen zu kämpfen hatten, den Platz wechselten und zeitweise den Betrieb sogar gänzlich einstellen mussten, waren sie nicht mehr in der Lage, die Golfregeln weiter zu entwickeln. So kam es, dass stattdessen alles nach St. Andrews blickte und die meisten Clubs dessen Regeln unverändert übernahmen. Dies war jedoch nicht ganz unproblematisch, da der R&A seine Regeln ständig weiterentwickelte und darin mitunter ganz lokale Begebenheiten erwähnte und Situationen regelte, welche auf anderen Plätzen nicht vorkamen. Kein Wunder, denn der R&A hatte die Regeln nur für seinen eigenen Platz erlassen – ob die anderen Golfclubs seine Regeln übernahmen, interessierte ihn wenig. Selbst als 1885 Forderungen laut wurden, der R&A solle die Regeln vereinheitlichen und als höchste Instanz für alle Golfclubs herausgeben, sah der noch keinen Handlungsbedarf. Erst fünf Jahre später wurde ein Regelkomitee gegründet und der R&A kam somit, beinahe wider Willen, zu seiner heute noch führenden Rolle in Regelfragen.

Fast zur selben Zeit, nämlich 1894, konstituierte sich die „United States Golf Association" (USGA) als die für Golf verantwortliche Spitzenorganisation in Amerika und Mexiko. Auch sie übernahm die Regeln des R&A, ergänzte sie jedoch mit zahlreichen eigenen Regeln, so dass es in der Folgezeit zwischen den Regelungen in Europa und Amerika immer wieder zu Unstimmigkeiten kam.

Erst 1951 beschlossen Briten und Amerikaner in Regelfragen zusammenzuarbeiten und sie überarbeiteten infolgedessen die Regeln auf das Jahr 1952. Doch wer dachte, dass damit ein für allemal Einheitlichkeit geschaffen war, hatte sich getäuscht. Es wurden nämlich nur die Regeln vereinheitlicht, Platzregeln, Anhänge und Decisions waren nach wie vor der alleinigen Entscheidung eines jeden Verbandes überlassen. Dies führte dazu, dass unter dem R&A in der Folge jahrelang mit einem kleineren Ball gespielt wurde, als die Amerikaner dies taten und dass es auch in anderen Belangen immer wieder zu Abweichungen kam. Mit einer umfassenden Revision im Jahre 1984 wurden die Regelungen schließlich einander angeglichen, so dass heute die gesamte Golfwelt nach denselben Regeln spielt. Seither wird das Regelwerk von einer Expertenkommission, bestehend aus Mitgliedern des R&A sowie der USGA, alle vier Jahre überarbeitet. Die letzte Revision erfolgte mit Wirkung auf den 1. Januar 2008.

2. Systematik

Das Golfregelwerk wird vom R&A und der USGA in Englisch abgefasst und anschließend von den nationalen Golfverbänden in die jeweilige Landessprache übersetzt. In Zweifelsfällen ist bei der Auslegung aber immer die englische Originalversion ausschlaggebend. Die offizielle Ausgabe der Golfregeln ist in drei Abschnitte eingeteilt:

Abschnitt I – Etikette; Verhalten auf dem Golfplatz
An erster Stelle im Regelbuch stehen die Gebote zur Verhaltensweise auf dem Golfplatz (sog. Etikette). Durch ihre Voranstellung wird der hohe Stellenwert der Etikette unterstrichen.

Abschnitt II – Erklärungen
Es folgen 50 Begriffserklärungen, welche eigentliche Definitionen darstellen. Zum Verständnis der nachfolgenden Regeln ist es unverzichtbar, diese Erklärungen klar erfasst und präsent zu haben.

Abschnitt III – Regeln
Dieser Abschnitt enthält die eigentlichen Spielregeln. Es sind zwar nur deren 34, doch sie machen mit Abstand den größten Teil des 240seitigen Regelbuchs aus.

Das Regelbuch wird durch drei Anhänge ergänzt. Darin enthalten sind Sonderregelungen und Empfehlungen zu Platzregeln und Wettspielausschreibungen, welche sich aber in erster Linie an die, für den Spielbetrieb Verantwortlichen in den Clubs richten. Überdies enthalten die Anhänge genaue Richtlinien zu Form und Machart von Schlägern und Bällen. Diese wiederum richten sich vorwiegend an die entsprechenden Hersteller.
Auf vergleichbarer Stufe wie die Regeln stehen die *Decisions*; es sind dies Entscheidungen strittiger Fälle, welche aus dem Regelbuch nicht klar hervorgehen. Sie werden in gesammelter Form alle zwei Jahre veröffentlicht und sind vor allem für Schiedsrichter von Bedeutung.

Außerhalb des Regelbuchs gibt es aber noch weitere Normen, welche zu beachten sind. Dazu gehören insbesondere die *Platzregeln* (Local Rules), welche für jeden Platz gesondert aufgestellt werden. Sie nehmen auf dessen individuelle Verhältnisse Rücksicht, stimmen aber mit den Grundsatzbestimmungen der Golfregeln überein. Unter Umständen haben sie nur temporäre Geltung. Die Platzregeln können am Anschlagbrett abgelesen werden. Hinzu kommen die Wettspielbedingungen, welche für Turniere aufgestellt werden. Sie sind ebenfalls am Anschlagbrett zu finden oder können der Turnierausschreibung entnommen werden. Zu erwähnen sind schließlich noch die *Weisungen* des Golfplatzpersonals (z. B. Captain, Marshal, Ranger, Starter, Greenkeeper), welchen ebenfalls unbedingt Folge zu leisten ist.

Die außergewöhnliche Wichtigkeit der Etikette und ihre Bedeutung für die Vermeidung von Unfällen bedingt, dass ihre Vorschriften jederzeit und gleichsam von allen eingehalten werden. Ob Sie also eine private oder eine Turnierrunde spielen, ob Sie alleine, mit Freunden oder mit Unbekannten spielen, die Etikette muss stets ausnahmslos eingehalten werden.

Ebenfalls stets einzuhalten sind die Weisungen des Golfplatzpersonals, da es dabei meist um akute Belange oder um die besondere Schonung gewisser Flächen auf dem Golfplatz geht.

Bei den eigentlichen Golfregeln steht etwas mehr Freiraum zur Verfügung: Während Sie im Turnierbetrieb die Regeln strikt einhalten und im Zweifelsfall sogar das Regelbuch oder gegebenenfalls einen Schiedsrichter zu Rate ziehen müssen, können Sie in privaten, freundschaftlichen Spielen die Regeln etwas großzügiger handhaben und sich beispielsweise kurze Putts schenken. Allerdings sollten Sie auch hier darauf achten, dass sich niemand durch Ihre laxe Haltung den Regeln gegenüber gestört fühlt.

Eine ungeschriebene „goldene" Golfregel besagt: „Während einer freundschaftlichen Runde folgen Sie Ihrer sportlichen Gesinnung und spielen den Platz, wie Sie ihn vorfinden und den Ball, wie er liegt, sofern nicht eine Regel ausdrücklich etwas anderes erlaubt. Bei offiziellen Turnieren ziehen Sie dagegen im Zweifelsfalle das Regelbuch zu Rate. Versuchen Sie nie, sich einen ungerechtfertigten, unfairen Vorteil zu verschaffen."

Diesem Ratschlag ist jedoch nur beschränkt zuzustimmen. Es empfiehlt sich durchaus auch in privaten Runden, die Regeln konsequent anzuwenden und falls Zeit vorhanden ist, das Regelbuch zu Rate zu ziehen bzw. Diskussionen über Regelfragen entbrennen zu lassen. So erlernt man den Umgang mit den Regeln, entwickelt eine gewisse Routine und sieht sich dann im Turnier nicht plötzlich vor eine völlig neue Situation gestellt, die in freundschaftlichen Spielen jeweils übergangen wurde. Ein häufiges Missgeschick folgt aus der angesprochenen Gewohnheit, sich kurze Putts zu schenken: In Turnieren geschieht es immer wieder, dass der am Lochrand hängende Ball aufgenommen wird, da er sowieso mit dem nächsten Schlag eingelocht worden wäre. In der Folge ist der Ball mit 1 Strafschlag zurückzulegen und nachträglich einzulochen; wird er nicht unmittelbar nachträglich noch eingelocht, so wird der Spieler disqualifiziert.

Sowohl der Abschnitt über die Etikette als auch jener über die Regeln enthält Gebote und Verbote. Der grundlegende Unterschied liegt darin, dass bei Verstößen gegen die Etikette in der Regel keine Strafschläge als Sanktion verhängt werden, sondern Verwarnungen ausgesprochen werden (der Spieler wird zurechtgewiesen). Schwere Verstöße können allerdings auch mit Disqualifikation, mit Platzverweis, vorübergehender oder sogar dauernder Spielsperre geahndet werden.

Verstöße gegen die Regeln dagegen werden mit Strafschlägen sanktioniert (in der Regel 1 oder 2 Strafschläge; lassen sich aber auch kumulieren). In schwerwiegenden, nicht wieder gut zu machenden Fällen kommt durchaus auch die Strafe der Disqualifikation zur Anwendung. Versucht ein Spieler mutwillig sich einen Vorteil zu verschaffen, indem er gegen eine Spielregel verstößt (Schummeln), so wird dies eine Spielsperre oder den Ausschluss nach sich ziehen, da es sich dabei auch um einen Verstoß gegen die Etikette handelt.

Sanktionen. Je nach Art und Schwere des Verstoßes gelten im Golf unterschiedliche Strafen.

	Verstoß gegen die Etikette	Verstoß gegen die Spielregeln
Unbewusster, geringfügiger Verstoß	Ermahnung, Verwarnung	1 Strafschlag (Spielfehler)
Fahrlässiger, vermeidbarer Verstoß	Verweis, Turnierverbot	2 Strafschläge (Regelverstoß)
Unverzeihlicher, nicht wieder gutzumachender Verstoß	Spielsperre, Ausschluss, Disqualifikation	Disqualifikation

3. Golfplatzanlage

Die Anlage eines Golfplatzes umfasst in der Regel das Clubhaus, eine Übungsfläche (Driving Range) sowie die Spielfläche, den eigentlichen Golfplatz.

3.1. Clubhaus

Die meisten Golfplätze verfügen über eine reichhaltige Infrastruktur, welche im Clubhaus untergebracht ist: Sekretariat, Proshop, Garderoben, Restaurant usw. Bitte beachten Sie als Gast, dass gewisse Bereiche des Clubhauses ausschließlich den Mitgliedern vorbehalten sein können.

3.2. Driving Range

Die Driving Range besteht in erster Linie aus einer großen Wiese, welche von zahlreichen Abschlagplätzen gesäumt ist. Hier können mehrere Spieler nebeneinander üben, indem sie Bälle auf die Wiese schlagen. Durch die Driving Range soll den Spielern ermöglicht werden, jene Schläge zu trainieren, welche im Verlauf einer Runde am häufigsten vorkommen. Der Übungsbereich wird deshalb in der Regel ergänzt durch einen Bunker zum Üben der Sandschläge, ein Chipping- und Pitching-Grün zum Üben der Annäherungsschläge sowie ein Putting-Grün zum Einlochen.

3.3. Golfplatz

Der Golfplatz ist eingeteilt in 18 Löcher (Spielbahnen). Manche Golfplätze verfügen nur über 9 Löcher, welche dann im Verlauf einer vollständigen Golfrunde zweimal gespielt werden müssen. Man unterscheidet die ersten 9 Löcher (Front Nine) von den zweiten Neun (Back Nine); auf der Scorekarte werden diese auch als „Out" und „In" bezeichnet.
Die einzelnen Spielbahnen sind wiederum in verschiedene Bereiche eingeteilt:

- **Abschlag**
  Der Abschlag besteht aus einer meist erhöhten, ebenen, kurz gemähten Fläche und ist der Ausgangspunkt des zu spielenden Lochs. Um den unterschiedlichen Spielstärken gerecht zu werden, verfügt jedes Loch über mehrere Abschläge, welche mit verschiedenen Farben gekennzeichnet sind.

- **Fairway**
  Als Fairway bezeichnet man die kurz gemähte Fläche zwischen Abschlag und Grün, auf welcher der Ball eigentlich landen und sodann weitergespielt werden sollte.

- **Semirough**
  Anschließend an den Rand des Fairways befindet sich das nur leicht höher geschnittene Semirough. Es bildet eine Zwischenstufe zum Rough und sorgt dafür, dass Bälle, welche über den Fairwayrand hinausrollen nicht verloren gehen.

- **Rough**
  Rough nennt man das hohe sowie ungeschnittene Gras, Büsche und Waldbestand auf dem Golfplatz.

- **Hindernisse**
  – *Wasserhindernis*
  Wasserhindernisse sind natürliche oder künstlich angelegte Wasserläufe (Fluss, Teich, See, Meer usw.). Sie sind in der Regel durch farbige Markierungspfähle besonders gekennzeichnet (Gelb für frontale, Rot für seitliche Wasserhindernisse).
  – *Bunker*
  Bunker sind vertiefte Bodenstellen, wo das Erdreich entfernt und mit Sand ersetzt wurde.

- **Vorgrün**
  Das Vorgrün ist in seinen Eigenschaften dem eigentlichen Grün ähnlich, doch ist das Gras etwas weniger kurz gemäht. Es bildet eine Zwischenstufe zwischen Fairway und Grün. Das Vorgrün gehört im Sinn der Regeln nicht zum Grün.

- **Grün**
  Als Grün bezeichnet man die kurz gemähte Rasenfläche um das Loch, welche besonders präpariert ist und auf der geputtet wird.

- **Aus**

  Das Aus ist jener Bereich, welcher im Sinn der Regeln nicht mehr zum Platz gehört. Der Ball darf dort nie gespielt werden. Es handelt sich oft um Bereiche, die gar nicht betreten werden dürfen oder in denen wenigstens nicht gespielt werden soll. Das Aus ist meistens mit weißer Farbe gekennzeichnet (Pfosten, Zäune, Mauern usw.), manchmal ist es aber auch nur in den Platzregeln festgelegt, ohne farblich gekennzeichnet zu sein (z. B. Straße als Ausgrenze).

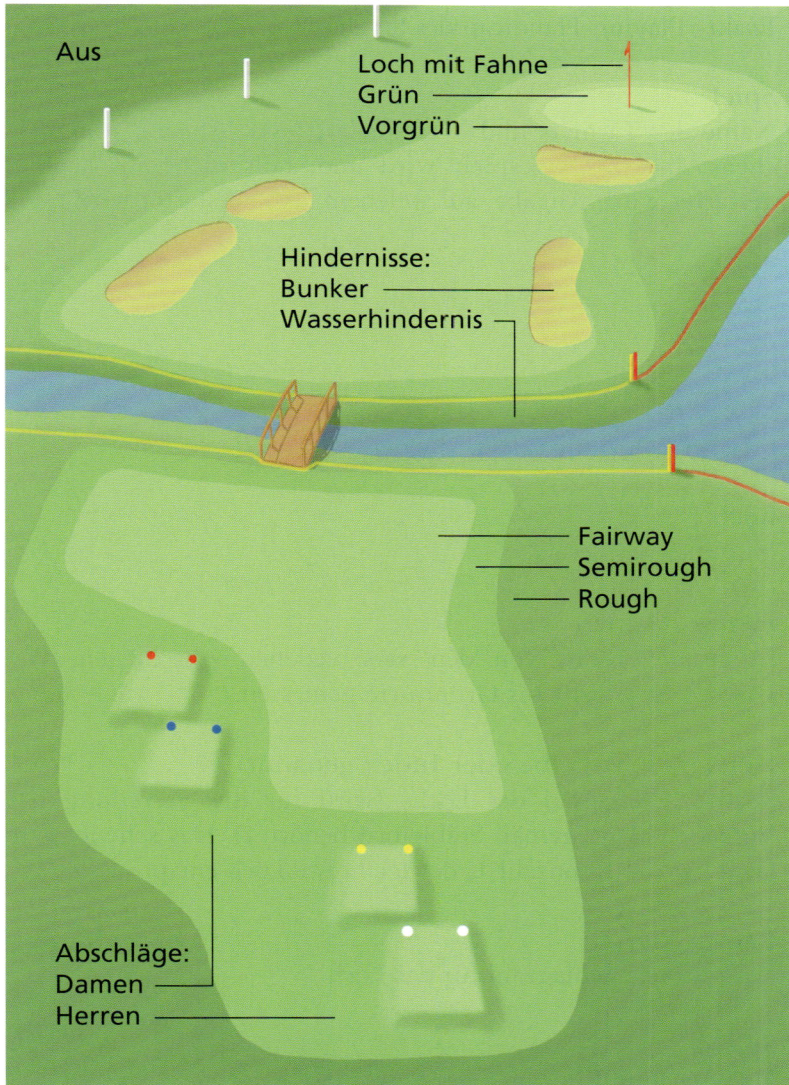

Aus

Loch mit Fahne
Grün
Vorgrün

Hindernisse:
Bunker
Wasserhindernis

Fairway
Semirough
Rough

Abschläge:
Damen
Herren

Spielbahn. Der Golfplatz wie auch jede Spielbahn ist in verschiedene Bereiche eingeteilt.

4. Scorekarte

Die Scorekarte dient als Beleg für die Schlagzahlen einer Runde. Sie ist in folgende Bereiche eingeteilt:

- **Spieler**
  Vor- und Nachname des Spielers

- **Hcp**
  Exakt-/Playing-Handicap des Spielers.

- **Spiel**
  Name des Turniers und Wettspielart (evtl. Angabe, von welchen Abschlägen gespielt wird und, falls nicht auf Loch 1 gestartet wird, Angabe, auf welchem Loch gestartet wird).

- **Datum**
  Datum, an welchem das Wettspiel stattfindet.

- **Zähler**
  Kolonne zum Eintragen der Schlagzahlen des Zählers (er kann hier zur Kontrolle seinen eigenen Score notieren).

- **Loch**
  Nummer des Lochs.

- **Herren/Damen**
  Länge des Lochs von den verschiedenen Abschlägen. Die Distanz ist jeweils bis Grünmitte gemessen.

- **Hcp (auch Vorgabe oder Index genannt)**
  Schwierigkeitsgrad des Lochs (wird für die Verteilung der Vorgabeschläge gemäß Stableford benötigt). Das schwierigste Loch hat die Kennzahl 1, das leichteste Loch entsprechend 18.

- **Par**
  Vorgesehene Schlagzahl für das Loch.

- **Spieler**
  Kolonne zum Eintragen der Schlagzahlen des Spielers.

Spieler									
Josef Müller						Hcp	19.8/24		
Spiel	Clubmeisterschaft					Datum			
	Zählspiel/Abschläge: Weiß					16.08.08			

Zähler	Loch	Herren Champion	Herren Normal	Damen Champion	Damen Normal	Hcp	Par	Spieler			+ 0 -
6	1	380	345	335	315	7	4	5			
4	2	370	350	315	295	9	4	5			
5	3	490	475	445	420	15	5	5			
4	4	175	160	155	140	11	3	5			
5	5	325	275	270	235	17	4	5			
6	6	560	520	495	460	3	5	6			
5	7	195	170	165	145	13	3	4			
6	8	400	385	355	340	1	4	7			
6	9	410	365	360	320	5	4	⌀ 10	*Clm h.*		
47	Out	3305	3045	2895	2670		36	52			
5	10	300	275	265	255	18	4	4			
5	11	360	320	305	280	10	4	5			
5	12	480	470	445	415	12	5	5			
4	13	370	345	330	290	2	4	3			
5	14	150	140	130	125	16	3	4			
6	15	355	325	315	285	4	4	6			
4	16	370	340	325	295	6	4	4			
5	17	210	180	175	150	8	3	5			
5	18	460	450	405	390	14	5	6			
44	In	3055	2845	2695	2485		36	42			
47	Out	3305	3045	2895	2670		36	52			
91	Total	6360	5890	5590	5155		72	94			

Course/Slope Rating			Hcp	24
☐ 73/130	🟦 75/132		Netto	70
🟨 71/128	🟧 73/124			

Spieler	Zähler
J. Müller	*Clm m*

Scorekarte. *Die Scorekarte ist ein wichtiges Dokument, welches die Leistung des Spielers belegt. Bevor sie abgegeben wird ist unbedingt sicher zu stellen, dass sämtliche Einträge korrekt sind.*

- + 0 –
  Kolonne zum Eintragen der Ergebnisse beim (seltenen) Wettspiel gegen Par.

- **Course/Slope Rating**
  Kennzahlen, welche den Schwierigkeitsgrad des Platzes beziffern und zur Berechnung des Handicaps herangezogen werden (siehe S. 26ff.).

- **Netto**
  Nettoergebnis: Gesamtschlagzahl, nach Abzug des Hcp.

- **Spieler/Zähler**
  Zeile zur unterschriftlichen Bestätigung des Resultats durch Spieler und Zähler.
  NB: Fehlerhafte oder undeutliche Eintragungen auf der Scorekarte sollten nicht einfach dick überschrieben werden. Besser ist es, sie zu streichen und durch die korrekte Eintragung zu ersetzen. Es empfiehlt sich dann, die Neueintragung ebenfalls mit dem Visum des Zählers zu versehen.

- **Platzregeln**
  Auf der Rückseite der Scorekarte sind die speziellen Platzregeln abgedruckt.

5. Par und Slope System

Als Par bezeichnet man die vorgesehene Schlagzahl für ein Loch oder eine Runde. Ein Par 3-Loch sollte demnach mit 3 Schlägen, ein Par 72-Platz mit insgesamt 72 Schlägen gespielt werden können. Man unterscheidet Par-3-, Par-4- und Par-5-Löcher (ganz selten gibt es auch Par-6-Löcher). Für die Festsetzung des Par ist in erster Linie die Länge der Spielbahnen ausschlaggebend. Dabei geht die Überlegung davon aus, dass auf dem Grün stets 2 Putts zum Einlochen benötigt werden. Bei einem Par 3 sollte das Grün demnach mit einem Schlag erreicht werden können und der Ball sodann mit 2 weiteren Schlägen eingelocht werden. Entsprechend rechnet man beim Par 4 mit 2 Schlägen und beim Par 5 mit 3 Schlägen bis zum Erreichen des Grüns.

Die Summe der einzelnen Pars ergibt schließlich das Par für den gesamten Platz. Die meisten Golfplätze weisen ein Gesamt-Par von 72 auf (4 x Par 3, 10 x Par 4, 4 x Par 5), es gibt aber durchaus auch beispielsweise Par-70- oder Par-71-Plätze.

Beendet ein Spieler ein Loch mit der vorgesehenen Schlagzahl, so hat er – wie man sagt – Par gespielt. Benötigt er einen Schlag mehr als vorgesehen, so bezeichnet man dies als Bogey; zwei Schläge über Par ist Doppelbogey. Benötigt er einen Schlag weniger als vorgesehen, so nennt man dies Birdie; zwei Schläge unter Par heißt Eagle und drei Schläge unter Par ist ein Albatros. Locht ein Spieler an einem Loch (meistens Par 3) den Ball mit einem einzigen Schlag ein, so nennt man dies Hole-in-one (auch Ass genannt). Es ist Brauch, im Anschluss an die Runde, in der das Hole-in-one erzielt wurde, im Clubhaus Champagner zu spendieren.

	2 Schläge (3 unter Par)	= Albatros
	3 Schläge (2 unter Par)	= Eagle
	4 Schläge (1 unter Par)	= Birdie
Beispiel: Par 5	5 Schläge	= Par
	6 Schläge (1 über Par)	= Bogey
	7 Schläge (2 über Par)	= Doppelbogey
	8 Schläge (3 über Par)	= Tripelbogey

Terminologie. Im Golf hat jedes Resultat seinen Namen. Bezeichnenderweise werden alle überdurchschnittlich guten Resultate mit Vogelnamen bezeichnet.

Par und Slope System

Unter dem Begriff Slope System versteht man eine Bewertungs-methode für Golfplätze, welche es erlaubt, auf die verschiedenen Schwierigkeiten des einzelnen Platzes Rücksicht zu nehmen.

In einem aufwändigen Verfahren wird dabei der Platz vermessen und bewertet und seine Schwierigkeit für jede Abschlags-kategorie (Weiß, Gelb, Blau, Rot) ermittelt. Berücksichtigt wer-den die Gesamtlänge der Spielbahnen sowie zahlreiche weitere Merkmale, wie z. B. Nähe der Ausgrenzen, Anordnung und Anzahl der Hindernisse, Topographie usw. Die Schwierigkeits-stufe kommt in den Rating-Ziffern zum Ausdruck. Das System beruht auf zwei Werten:

- **Course Rating (CR)**
  Diese Kennzahl relativiert das Par des Platzes und weicht nur geringfügig oder gar nicht davon ab: Sie ist das Ergebnis, wel-ches ein Spieler mit Handicap 0 erzielen sollte. Somit kann es sein, dass ein besonders langer und anspruchsvoller Par-72-Platz ein CR von 74 aufweist.

- **Slope Rating (SR)**
  Diese Kennzahl besagt, in welchem Verhältnis das Handicap eines Spielers angepasst werden muss, um den verschiedenen Schwierigkeiten des Platzes gerecht zu werden. Es beträgt mindestens 55 und höchstens 155. Je höher das SR, desto anspruchsvoller ist der Platz. Ein durchschnittlich schwerer Platz hat SR 113.

CR und SR sind ausschlaggebend für die Berechnung des Handicaps.

6. Platzerlaubnis und Handicap

Für den totalen Anfänger beschränkt sich das Golfspiel auf stundenlanges Schlagen von Bällen auf der Driving Range. In diesem Stadium gibt es noch keinen offiziellen Begriff, um sein spielerisches Können zu umschreiben. Der fortgeschrittene Golfer wird dann je nach Spielstärke in folgende Kategorien eingeteilt:

- **Platzerlaubnis (PE)**
  Die Platzerlaubnis (auch Platzreife (PR) genannt) berechtigt zum selbstständigen Spiel auf dem Golfplatz.

- **Handicap (Hcp)**
  Das Handicap (auch Vorgabe genannt) ist eine Klassierungszahl, welche die Spielstärke beziffert. Das Hcp geht von 36 bis +5 (5 unter Null).

Als Zwischenstufe zwischen Platzreife und Handicap, führen manche Vereine auch noch clubinterne Handicaps von 37–54 (sog. Clubvorgaben), wobei die PE der Clubvorgabe 54 entspricht.

6.1. Platzerlaubnis

Zunächst erlangt der Spieler die Platzerlaubnis. Sie erlaubt ihm das Bespielen des Golfplatzes, welcher die PE ausgestellt hat. Auf fremden Plätzen wird sie nicht durchwegs anerkannt.
Die Erteilung der PE wird von Club zu Club unterschiedlich gehandhabt, doch gelten dabei in der Regel folgende Anforderungen: Ausweis über genügende Regel- und Etikettekenntnis; Spielen von 9 Löchern innerhalb akzeptabler Spieldauer und dabei Erzielung von mindestens 9 Stableford-Punkten bei Vorgabe 36 (d. h. durchschnittlich Tripelbogey).

6.2. Handicap

Der fortgeschrittene Platzreifespieler kann in angemeldeten Spielen oder in Wettspielen das Handicap 36 erreichen und, wenn er es unterspielt, auch kontinuierlich verbessern. Das Hcp beziffert die Anzahl Schläge, welche der Spieler nach 18 Löchern über Par liegen sollte, d. h. so viel Schläge wie er mehr benötigen sollte als das Par des Platzes.

Um allerdings dem unterschiedlichen Schwierigkeitsgrad der verschiedenen Plätze gerecht werden zu können, muss das Hcp für jeden Platz, ja sogar für jede Abschlagskategorie (hintere oder vordere Abschläge), jeweils angepasst werden: Auf schwierigen Plätzen wird das Hcp erhöht und auf leichteren Plätzen entsprechend herabgesetzt. Das Hcp ist deshalb unterteilt in einen Index, Exakt-Hcp genannt und einen, von diesem theoretischen Wert abgeleiteten praktischen Wert, das so genannte Playing-Hcp:

- **Exakt-Handicap (auch Stamm-Vorgabe genannt)**
  Auf eine Dezimalstelle genau berechneter Referenzwert.

- **Playing-Handicap (auch Spiel-Vorgabe genannt)**
  Angepasstes Hcp, d. h. Anzahl der vorgegebenen Schläge unter Berücksichtigung der Schwierigkeit des Platzes.

Wenn man generell vom Handicap spricht, meint man das Exakt-Hcp. Dieses (neutrale) Hcp ist für einen theoretischen, absoluten Durchschnittsplatz ermittelt, dessen Slope 113 beträgt und bei dem Par und Course Rating denselben Wert aufweisen. Das Playing-Hcp entspricht diesem Exakt-Hcp, ist aber der Schwierigkeitsstufe des Platzes, der gerade zu spielen ist, angepasst. Es errechnet sich nach einer komplizierten Formel und wird hernach gerundet.

$$\text{Playing-Hcp} = \text{Exakt-Hcp} \times (\text{SR}/113) + (\text{CR} - \text{Par})$$

Als Spieler müssen Sie nur Ihr Exakt-Hcp kennen. Das für Sie geltende Playing-Hcp wird Ihnen bei Turnieren von der Spielleitung berechnet oder Sie können es jeweils auf einer einfachen Tabelle, welche in jedem Club angebracht ist, ablesen.

Fazit: Der Spieler erhält auf jedem Platz und je nach dem von welchen Abschlägen er spielt, ein anderes Playing-Hcp, doch er hat nur ein einziges Exakt-Hcp.

Unterspielt ein Spieler sein (Playing-)Hcp, so wird das Exakt-Hcp herabgesetzt (je nach Spielstärke um 0.1 bis 0.5 pro unterspieltem Schlag). Das Hcp kann aber nicht nur herabgesetzt, sondern auch heraufgesetzt werden (in der Regel um 0.1 je überspielte Runde, wobei jedoch eine so genannte Pufferzone (auch Schonschläge genannt) das Ansteigen des Hcps bei geringfügig überspielten Runden verhindert). Das Maximal-Hcp 36 kann nicht erhöht werden, gegebenenfalls wird es annulliert. Die Korrektur des Hcps errechnet sich ausschließlich aufgrund der, nach Stableford erzielten Netto-Punkte (vgl. S. 31ff.).

Da sich die Berechnung der Hcp-Korrekturen kompliziert gestaltet, ist die Hcp-Verwaltung regelmäßig Sache des Heimclubs eines Spielers. Die Verantwortlichkeit liegt aber dennoch beim Spieler, d. h. er muss sich über sein Hcp informieren und auch Resultate von auswärtigen Turnieren einreichen, insbesondere wenn er sein Hcp unterspielt und damit verbessert hat.

Das System des Hcps ist ein weiteres Merkmal, welches den Golfsport einzigartig macht und von anderen Sportarten wesentlich unterscheidet. Es ermöglicht nämlich Golfern unterschiedlichster Spielstärken, auf jedem Platz mit gleichen Chancen gegeneinander anzutreten. Mit anderen Worten, dank des Hcps kann selbst der blutigste Anfänger gegen einen Spitzenspieler antreten und die Enkel können sich in einem fairen Wettkampf mit ihrem Opa messen.

6.3. Exkurs: Amateur und Pro

Entscheidet sich ein Spieler den Golfsport als Beruf auszuüben, so muss er vom Amateur zum Pro (professional) wechseln. Als Pros gelten berufsmäßige Turnierspieler (touring professional) wie auch Golflehrer (teaching professional) – sie alle haben kein Handicap.

Im Golf wird seit jeher zwischen Amateuren und Profis strikt getrennt: Amateure sollen Golf um des Sports willen spielen und dürfen keine Vergütung für Ihre golferischen Erfolge annehmen. Dadurch soll sichergestellt werden, dass unter Amateuren die Freude am Spiel im Vordergrund steht und weder der Golfsport noch einzelne Spieler durch Geld oder geldwerte Leistungen verdorben werden. So dürfen nur Pros z. B. Unterricht gegen Entgelt erteilen, Sponsoringverträge abschließen, um Preisgeld spielen oder Preise annehmen, welche den Wert von EUR 750.– (CHF 1250.–) übersteigen.

7. Stableford

Unter dem Begriff Stableford (Stfd.) versteht man eine Zählart, bei der nicht die Gesamtzahl der Schläge, sondern die Anzahl erreichter Punkte nach dem Stfd.-System ausschlaggebend ist. Der Spieler erhält an jedem Loch, je nach erzieltem Resultat, folgende Anzahl Punkte:

Albatros (3 unter Par)	= 5 Punkte
Eagle (2 unter Par)	= 4 Punkte
Birdie (1 unter Par)	= 3 Punkte
Par	= 2 Punkte
Bogey (1 über Par)	= 1 Punkte
Doppelbogey und schlechter (2 und mehr über Par oder gar kein Ergebnis)	= 0 Punkte

Der Vorteil dieses Spiels ist, dass ganz schlechte Ergebnisse an einzelnen Löchern nicht so stark ins Gewicht fallen. Während im Zählspiel ein sehr „schlechtes Loch" den Gesamtscore verdirbt, werden hier einfach keine Punkte erzielt. Es besteht denn auch die Pflicht, den Ball aufzunehmen, sobald an einem Loch bereits so viele Schläge gebraucht wurden, dass keine Punkte mehr erreicht werden können. Dadurch wird der Spielfluss wesentlich beschleunigt und deshalb kommt das Wettspiel nach Stfd. bei Anfängerturnieren fast ausschließlich zur Anwendung. Es wird nach den gewöhnlichen Zählspielregeln durchgeführt, mit der Einschränkung, dass sich die Strafe der Disqualifikation oftmals nur auf das Loch auswirkt, d. h. der Spieler zwar das Loch streichen muss, jedoch nicht für die gesamte Runde disqualifiziert wird.

Als Spieler sind Sie nur für das Aufschreiben Ihrer Schlagzahlen verantwortlich, die Auswertung und das Zusammenzählen der Punkte erfolgt durch das Sekretariat.

Man unterscheidet eine getrennte Brutto- und Netto-Wertung. Sieger ist jeweils der Spieler, welcher die höchste Punktzahl erreicht hat.

7.1. Brutto-Wertung

Bei der Brutto-Wertung werden die Punkte an den verschiedenen Löchern nach den tatsächlich erzielten Schlagzahlen gemäß nebenstehendem Schema verteilt.

7.2. Netto-Wertung

Bei der Netto-Wertung geschieht die Punkteverteilung erst nach Abzug des Playing-Hcp bzw. der vorgegebenen Schläge. Dabei wird das Playing-Hcp zunächst auf die einzelnen Löcher verteilt, der Spieler erhält auf den verschiedenen Löchern – wie man sagt – Schläge vorgegeben (Vorgabe). Der Schwierigkeitsgrad der einzelnen Löcher wird hierbei mit berücksichtigt (Kolonne Hcp auf der Scorekarte; das schwierigste Loch hat Hcp 1, das leichteste Hcp 18).

> Beispiele:
> Ein Spieler mit Hcp 36 erhält auf jedem Loch 2 Schläge vorgegeben.
> Ein Spieler mit Hcp 30 erhält auf jedem Loch 1 Schlag, sowie auf den schwierigsten 12 Löchern einen weiteren 2. Schlag vorgegeben.
> Ein Spieler mit Hcp 5 erhält entsprechend nur auf den schwierigsten fünf Löchern jeweils 1 Schlag vorgegeben.

Nun werden die Vorgabeschläge an jedem Loch von der tatsächlich erzielten Schlagzahl abgezogen und aufgrund dieses Netto-Resultats werden die Stfd.-Punkte ausgerechnet.

> Beispiel:
> Ein Spieler erzielt an einem Loch ein Bogey. Dafür erhält er brutto 1 Punkt. Hat er an diesem Loch allerdings einen Schlag vorgegeben, so wird dieser in Abzug gebracht und das Netto-Resultat entspricht einem Par; dafür erhält er nun netto 2 Punkte.

Stableford

Erzielt ein Spieler 36 Netto-Punkte, so hat er nach Stfd. sein Playing-Hcp gespielt. Erzielt er mehr als 36 Punkte, so bedeutet jeder Punkt mehr, dass er um entsprechend viele Schläge sein Playing-Hcp unterspielt hat (bzw. erreicht er weniger als diese 36 Punkte, so hat er sein Playing-Hcp um entsprechend viele Schläge überspielt).

Das Verteilen der Vorgabeschläge sowie die Auswertung der Stfd.-Punkte ist Sache der Turnierleitung. Der Spieler muss also nur seine effektiven Schlagzahlen oder dort, wo er den Ball aufgenommen hat, einen Strich eintragen.

> Beispiel:
> Ein Spieler mit Playing-Hcp 24 erhält 24 Schläge vorgegeben: Auf jedem Loch 1 Schlag sowie auf den schwierigsten 6 Löchern einen weiteren 2. Schlag. Erzielt er nun netto 40 Stfd.-Punkte, so hat er nach Stfd. sein Playing-Hcp um 4 Schläge unterspielt, er hat also entsprechend eine 20 gespielt.

Die größte Bedeutung hat das Stableford-System für die Handicap-Verwaltung: Bei der Berechnung des Hcp sind ausschließlich die erzielten Stfd.-Netto-Punkte maßgeblich.

Spieler		
Josef Müller	Hcp	19.8/24
Spiel Monatsbecher	Datum	
Stableford/Weiße Tees		17.07.08

Zähler	Loch	Herren Champion	Herren Normal	Damen Champion	Damen Normal	Hcp	Par	Spieler	Stableford Brutto	Netto	
6	1	380	345	335	315	7	4	5	1	2	
4	2	370	350	315	295	9	4	5	1	2	
5	3	490	475	445	420	15	5	5	2	3	
4	4	175	160	155	140	11	3	5	–	1	
5	5	325	275	270	235	17	4	5	1	2	
6	6	560	520	495	460	3	5	6	1	3	
5	7	195	170	165	145	13	3	4	1	2	
6	8	400	385	355	340	1	4	7	–	1	
6	9	410	365	360	320	5	4	–	–	–	
	Out	3305	3045	2895	2670		36	7		16	
5	10	300	275	265	255	18	4	4	2	3	
5	11	360	320	305	280	10	4	5	1	2	
5	12	480	470	445	415	12	5	5	2	3	
4	13	370	345	330	290	2	4	3	3	5	
5	14	150	140	130	125	16	3	4	1	2	
6	15	355	325	315	285	4	4	6	–	2	
4	16	370	340	325	295	6	4	4	2	4	
5	17	210	180	175	150	8	3	5	–	1	
5	18	460	450	405	390	14	5	6	1	2	
	In	3055	2845	2695	2485		36	12		24	
	Out	3305	3045	2895	2670		36	7		16	
	Total	6360	5890	5590	5155		72	19		40	

Course/Slope Rating

☐ 73/130	☐ 75/132
☐ 71/128	☐ 73/124

Hcp

Netto

Spieler J. Müller

Zähler

Stableford. Die Zählart nach Stableford bietet den großen Vorteil, dass besonders schlechte Löcher nicht so sehr ins Gewicht fallen. Zudem muss nicht jedes Loch zu Ende gespielt werden – der Ball kann auch aufgenommen und das Loch gestrichen werden. Dies beschleunigt den Spielfluss wesentlich.

8. Etikette

Ganz früher war die Etikette ein ungeschriebenes Gesetz, ist sie doch nichts weiter als die Übertragung von gesundem Menschenverstand und guten Manieren auf die besonderen Gegebenheiten des Golfspiels. Im Zuge der breiten Entwicklung des Golfsports musste jedoch festgestellt werden, dass die Etikette nur ungenügend weitergegeben wurde, so dass sie heute einen festen – wenn auch sehr kurz gehaltenen – Bestandteil des Regelbuchs bildet („Abschnitt I – Etikette; Verhalten auf dem Golfplatz").

Den hohen Stellenwert der Etikette erkennt man dadurch, dass sie in der offiziellen Ausgabe des Golfregelbuchs den eigentlichen Regeln vorangestellt ist. Sie ist im engeren Sinn jedoch nicht Bestandteil der Golfregeln, denn in erster Linie normiert sie nicht das Spiel, sondern den Umgang der Spieler untereinander und mit dem Platz. Zudem werden bei Verstößen keine Strafschläge als Sanktion verhängt, sondern die Folge sind in der Regel Disziplinarmaßnahmen, wie Verwarnungen, Platzverweise oder Spielsperren, welche von Seiten der Spielleitung ausgesprochen werden.

Trotz der bestehenden Sanktionen wurde der Etikette nach Ansicht der Verantwortlichen von R&A und USGA nach wie vor zu wenig Beachtung geschenkt, weshalb für den Fall von besonders schweren Verstößen zusätzlich die Strafe der Disqualifikation eingeführt wurde. Diese Entwicklung gibt insofern zu denken, als die Respektierung der Etikette für jeden wahren Golfer eine Selbstverständlichkeit darstellen sollte und es somit eigentlich gar nicht notwendig sein dürfte, entsprechende Strafen anzudrohen.

Ziel der Etikette ist die Gewährleistung der Sicherheit, eines optimalen Spielflusses und der Fairness. Daneben beinhaltet sie aber auch wichtige Verhaltensregeln zur Schonung und Erhaltung des Platzes und schließlich folgt sie ein wenig hergebrachter Tradition. Sie ist absolute Notwendigkeit, um die Freude am Golfspiel zu erhalten und gilt für jeden zu jeder Zeit – denn ohne Etikette kein Golf! In einem Satz zusammengefasst bedeutet sie nichts weiter als: Verhalten Sie sich stets so, wie Sie das von anderen Spielern auch erwarten.

8.1. Vorsichtsmaßnahmen

Unfallverhütung. Golf ist kein ungefährlicher Sport. Vergewissern Sie sich deshalb immer, dass niemand durch Ihren beabsichtigten Schwung oder Schlag gefährdet ist.

Schwungraum sichern. Versichern Sie sich vor jedem Schwung, dass niemand so nahe bei Ihnen steht, dass er von Ihrem Schläger getroffen werden könnte.

Schwungrichtung sichern. Schwingen Sie nie in eine Richtung, in der sich Menschen aufhalten, da unbeabsichtigt Steine, Sand o. Ä. mitfliegen und Verletzungen verursachen könnten. Auch wenn Sie Übungsschwünge ohne Bodenberührung machen, müssen Sie den seltenen, aber um so gefährlicheren Fall in Betracht ziehen, dass sich der Schlägerkopf vom Schaft lösen könnte (z. B. infolge eines durchgerosteten Verbindungsstücks).

Zielbereich sichern. Spielen Sie nie, bevor die Spieler vor Ihnen außer Reichweite sind. Dabei müssen Sie immer von Ihrem bestmöglichen Schlag ausgehen und diesem noch eine zusätzliche Sicherheitsdistanz zufügen. Spielen Sie auch nicht knapp hinter die Spieler vor Ihnen. An Par-3-Löchern dürfen Sie grundsätzlich erst abschlagen, wenn die vorhergehende Partie das Grün verlassen hat.
Seien Sie besonders rücksichtsvoll, wenn sich Golfplatzpersonal, insbesondere Greenkeeper, im Zielbereich oder der näheren Umgebung aufhält. Diese Menschen verrichten wichtige Arbeit auf dem Golfplatz und sind dabei einer permanenten Gefahr durch fliegende Bälle ausgesetzt (die Gefahr wird oftmals noch erhöht, weil z. B. Greenkeeper, welche beim Rasenmähen sind, etwaige Warnrufe nicht hören können). Warten Sie also stets mit Spielen, bis die betreffende Person Sie gesehen hat und auf Ihren Ballflug achten kann.

Abpraller vermeiden. Versuchen Sie nie, knapp an einem unmittelbar vor Ihnen befindlichen Baum, einer Mauer o. Ä. vorbei zu spielen. Der Ball kann davon abspringen und Ihre Mitspieler oder Sie selbst schwer verletzen.

Schwungraum. *Stellen Sie sicher, dass sich niemand in Ihrem Schwungradius aufhält und schwingen Sie auch nicht in Richtung anderer Menschen in Ihrer Nähe.*

Zielbereich. *Stellen Sie sicher, dass sich niemand im Zielbereich aufhält und spielen Sie insbesondere nie, bevor die Spieler vor Ihnen außer Reichweite sind.*

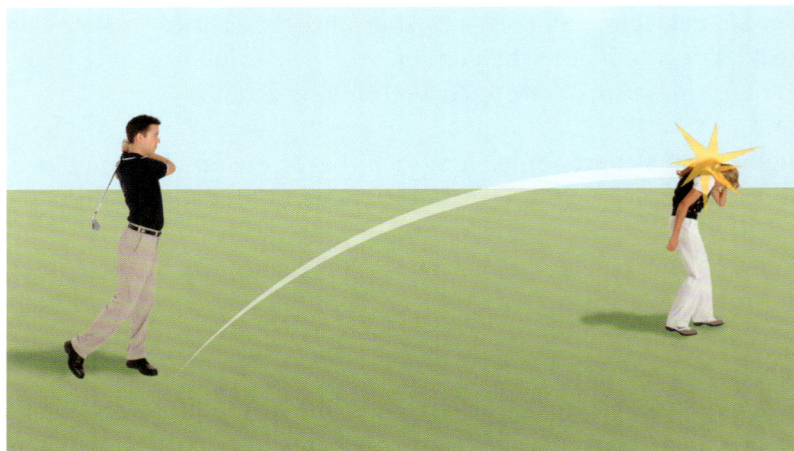

Abpraller. *Versuchen Sie nie, knapp an etwas vorbei zu spielen. Falls der Ball abspringt, bleibt Ihnen in der Regel nicht genug Zeit um auszuweichen.*

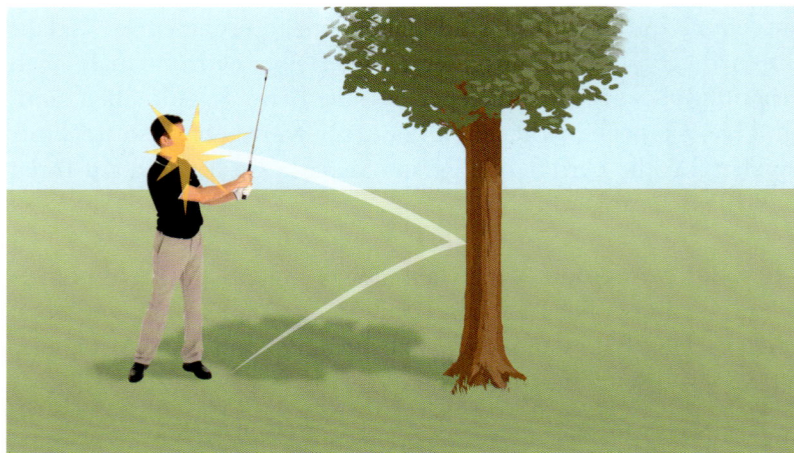

8.2. Warnruf

Fore. Könnte jemand durch Ihren Ball auch nur im Entferntesten gefährdet sein, so rufen Sie sofort mehrmals so laut wie möglich Fore (sprich „Foor", gilt weltweit).

Irrläufer. Rufen Sie Fore nicht nur, wenn ein Ball auf Menschen zufliegt, sondern auch, wenn Sie Ihren Ball aus den Augen verlieren und er in eine Richtung gestartet ist, wo sich Menschen aufhalten könnten (z. B. der Ball ist über eine Baumgruppe oder eine Scheune hinweggeflogen und Sie wissen nicht, was sich dahinter befindet). Bedenken Sie stets, dass fliegende Golfbälle Spitzengeschwindigkeiten von bis zu 220 Stundenkilometern erreichen und sich damit als tödliches Geschoss entpuppen können. Zögern Sie also nie und rufen Sie lieber einmal zu viel, als nur das geringste Risiko einzugehen.

Laut rufen. Rufen Sie so laut, dass auch bis zu 200 Meter entfernte Golfer ihren Warnruf hören können. Nicht nur der Spieler selbst, sondern auch seine Mitspieler sollten rufen.

Fore ist der traditionelle und weltweit gültige Warnruf auf Golfplätzen. Aber: Nichtgolfer wie Spaziergänger oder Wanderer reagieren kaum auf Fore – rufen Sie dann besser „Vorsicht" oder „Achtung".

Entschuldigung. Auch wenn niemand getroffen wurde, ist es selbstverständlich, dass man sich anschließend entschuldigt.

8.3. Verhalten bei Warnruf

Schutzreaktion. Hören Sie, dass jemand Fore ruft, so ducken Sie sich sofort und legen Sie die Arme schützend über den Kopf.

Konsequent und rasch reagieren. Schützen Sie sich immer, wenn Sie Fore hören, auch wenn es nur leise und weit entfernt klingt, denn gegen den Wind sind entsprechende Rufe nur schwer zu hören. Reagieren Sie schnell, ohne sich vorher umzuschauen, woher die Gefahr droht.

Schutzreaktion. Ducken und schützen Sie sich sofort, wenn Sie hören, dass jemand Fore ruft. Gehen Sie nach Möglichkeit hinter einem Golfwagen, einem Baum o. Ä. in Deckung.

FORE

8.4. Spielfluss

Tempo. Spielen und gehen Sie immer zügig und vermeiden Sie unnötige Zeitverluste.

Max. Suchzeit. In Trainingsrunden sollten Sie nicht die volle Suchzeit von 5 Minuten beanspruchen, besonders wenn von vornherein geringe Aussichten bestehen, den Ball wiederzufinden. Bitte denken Sie auch daran, dass es keinen Sinn macht, im Aus lange nach einem Ball zu suchen, da er sowieso nicht mehr gespielt werden dürfte.

Bereitschaft. Es ist immer derjenige Spieler an der Reihe, dessen Ball am weitesten vom Loch entfernt ist. Achten Sie darauf, dass Sie immer wissen, wann Sie an der Reihe sind und sich schon vorher auf den Schlag vorbereiten.

Probeschwünge. Beachten Sie, dass zu viele Probeschwünge das Spiel verzögern und den Mitspielern missfallen können. Zudem bedeutet jeder Probeschwung neben dem Zeit- auch einen Kraftverlust.

Grün freigeben. Verlassen Sie nach Beendigung eines Lochs das Grün sofort und notieren Sie Ihre Schlagzahl erst am nächsten Abschlag oder auf dem Weg dorthin. Jegliche Gratulationen, Diskussionen oder allenfalls notwendige Rekonstruktionen müssen bis nach dem Verlassen des Grüns warten.

Ausrüstung strategisch platzieren. Platzieren Sie Ihren Golfbag oder Wagen stets auf derselben Höhe, auf der Sie sich selbst befinden, und, wenn Sie das Grün erreicht haben, bereits in Richtung des nächsten Abschlags.

Provisorischer Ball. Damit Sie nicht unnötig zurücklaufen müssen, sollten Sie stets einen provisorischen Ball spielen, wenn Sie Zweifel daran haben, ob Sie Ihren Ball wiederfinden. Es empfiehlt sich aus diesem Grund, immer einen Ersatzball zur Hand zu haben.

Richtzeiten. Die folgenden Richtzeiten für das Spielen von 18 Löchern sollten Ihnen als Anhaltspunkt dienen. Selbstverständlich sind jeweils die gegebenen Umstände zu berücksichtigen (Turnier/Privatrunde, hügeliger/flacher Platz, zu Fuß/ mit Cart, Sommerhitze/angenehme Temperatur usw.).

2er-Partie:	3 Std. 45 Min.
3er-Partie:	4 Std.
4er-Partie:	4 Std. 15 Min.

Richtzeiten. Bitte versuchen Sie, die nebenstehenden Rundenzeiten nach Möglichkeit einzuhalten. Es heißt im Golf: Nur ein zügiges Spiel ist ein gutes Spiel.

8.5. Vorrecht

Schnellere Partien. Um einen angenehmen Spielfluss zu gewährleisten und Staus zu vermeiden, haben langsamere Partien die nachfolgenden Spieler durchspielen zu lassen. Dabei ist die nachfolgende Partie mit einem deutlichen Zeichen zum Überholen aufzufordern!
NB: Langsames Spiel und Staus sind der häufigste Anlass zu Diskussionen auf dem Golfplatz. Bitte lassen Sie deshalb die nachfolgende Partie *unverzüglich* durchspielen, wenn die Umstände dies erfordern. Warten Sie insbesondere nicht, bis die nachfolgenden Spieler darum bitten oder sich womöglich bereits über Sie beschweren. Durchspielen zu lassen ist keine Schande, im Gegenteil – ein solches Verhalten zeigt wahre Größe.

Max. 4er-Flight. Erlaubt sind normalerweise nur Partien mit maximal 4 Spielern.

2er-, 3er- und 4er-Flights. Schnellere Partien haben immer Vorrang. In der Praxis bedeutet dies oftmals, dass 2er-Partien Vorrang vor 3er- und 4er-Partien gebührt. Doch Vorsicht: Diese Regelung wird auf vielen Golfplätzen am Wochenende umgekehrt, so dass 4er-Flights stets Vorrang vor 3er- und diese wiederum vor 2er-Partien genießen. Ziel dieser Regelung ist es, den Platz optimal auszulasten und somit möglichst vielen Spielern Gelegenheit zum Golfen zu geben. Eine entsprechende Regelung ist normalerweise auf der Scorekarte oder am Anschlagbrett vermerkt.

Einzelspieler. Einzelne Spieler sind in der Regel am schnellsten und haben somit Vortritt vor allen anderen Spielern. Um den Platz besser auslasten zu können, gelten für sie allerdings häufig Einschränkungen. Informieren Sie sich im Sekretariat oder am Anschlagbrett oder noch besser: schließen Sie sich anderen Spielern an.

Anschlussverlust oder längere Suche. Eine Partie hat die nachfolgende durchspielen zu lassen, wenn sie mit dem ordentlichen Spielfluss nicht mithalten kann, den Anschluss an die vordere Partie verliert und mehr als eine Spielbahn vor sich frei hat. Ebenfalls ist so zu verfahren, wenn ein Ball nicht sogleich gefunden wird und von vornherein absehbar ist, dass das Suchen längere Zeit in Anspruch nehmen kann. Dabei ist zu beachten, dass die nachfolgende Partie unverzüglich zum Überholen aufgefordert werden soll und nicht erst, nachdem die erlaubte Suchzeit von 5 Minuten verstrichen ist.

Abgekürzte Runde. Jene Partien, die eine volle Runde spielen, haben stets Vorrang vor Partien, welche eine abgekürzte Runde spielen oder die Löcher in einer anderen als der vorgegebenen Reihenfolge spielen. Insbesondere dürfen Sie Ihre Runde nicht am 10. Abschlag beginnen und dabei den, von der neunten Spielbahn her kommenden Spielern den Weg abschneiden. (Beachten Sie, dass für das Starten vom zehnten Abschlag oftmals Einschränkungen gelten oder sogar eine ausdrückliche Genehmigung erforderlich ist.)

A   B

Überholen lassen. Fordern Sie die nachfolgenden Spieler mit deutlichem Winkzeichen zum Überholen auf, wenn die Umstände dies erfordern. Werden Sie hingegen selbst zum Überholen aufgefordert, so sollten Sie Ihre Absicht deutlich anzeigen: Wenn Sie überholen möchten, halten Sie einen Schläger in die Höhe (A). Verzichten Sie jedoch darauf, zu überholen, so winken Sie mit beiden Armen ab (B).

Korrekt durchspielen lassen. Wenn Sie durchspielen lassen, sollten Sie sich mit Ihrer Ausrüstung an den Fairwayrand in Sicherheit begeben. Das Spiel darf erst fortgesetzt werden, wenn die Überholenden außer Reichweite sind.

8.6. Schonung und Pflege

Sorgfalt. Bitte schonen und pflegen Sie den Platz nach Ihren Möglichkeiten. Der beste Leitspruch in diesem Zusammenhang ist es, den Platz stets in einem besseren Zustand zu hinterlassen, als man ihn vorgefunden hat. Dies sollte übrigens nicht bloß für den Heimplatz gelten, sondern auch auf fremden Plätzen eine Selbstverständlichkeit sein.

Abschlagsfläche. Stellen Sie Golftaschen und -wagen bitte niemals auf den Abschlag, sondern immer daneben ab. Vermeiden Sie Probeschwünge auf dem Abschlag und führen Sie diese ebenfalls daneben aus. Auf dem Abschlag werden herausgeschlagene Rasenstücke (Divots) nicht wieder eingesetzt – die Löcher sind mit bereitstehendem Sand, welcher mit Grassamen gemischt ist, aufzufüllen.

Divots. Vermeiden Sie bei Probeschwüngen nach Möglichkeit die Verletzung des Rasens. Legen Sie herausgeschlagene Rasenstücke stets zurück und treten Sie sie fest. Bitte bücken Sie sich auch wegen Divots, die andere Spieler wieder einzusetzen vergessen haben.
NB: In manchen Teilen der Welt ist, je nach Grassorte, das Zurücklegen von Divots nicht die beste Ausbesserungsmethode; dann sollten Divotlöcher stets mit einem Sandgemisch aufgefüllt werden.

Platzieren der Ausrüstung. Golftaschen und -wagen sind stets außerhalb von Hindernissen abzustellen. Zudem ist auch das Rough weitgehend zu meiden.
Sollten Sie mit einem Golfcart unterwegs sein, so verlassen Sie bitte die dafür vorgesehenen Wege so wenig wie möglich. Golfcarts belasten den Rasen stark und oftmals darf das Fairway daher gar nicht mit ihnen befahren werden. Beachten Sie in diesem Zusammenhang unbedingt sämtliche geltenden Sicherheitsbestimmungen und Verkehrsregeln.

Bunker. Betreten Sie Bunker immer von der flachen Seite und ebnen Sie nach dem Spielen Ihre Spuren mit dem Rechen sorgfältig ein (sofern kein Rechen vorhanden ist, können Sie Ihre Spuren notfalls auch mit einem Schläger einebnen).

Fairplay. Den Bunker zu rechen ist nur eine von zahlreichen Pflichten, welche ein echter Golfer wahrzunehmen hat. Er sollte auch Divots ausbessern, Balleinschlaglöcher und Spikemarks reparieren sowie den Platz generell in einwandfreiem Zustand hinterlassen. Die Idee dahinter ist, allen nachfolgenden Spielern dieselben fairen Bedingungen zu ermöglichen, welche man selbst auch gerne antreffen würde.

Grün und Vorgrün. Grün und Vorgrün bedürfen größtmöglicher Pflege: Sie dürfen Ihren Golfbag dort weder abstellen noch entlangziehen. Auch die nähere Umgebung um das Grün, insbesondere der Bereich zwischen Bunker und Grünrand, muss besonders geschont werden.
Bessern Sie Balleinschlaglöcher mit einer Pitchgabel oder notfalls mit einem Tee aus. Vermeiden Sie jegliche Schäden durch Spikes (Füße beim Gehen nicht nachziehen) und bessern Sie entsprechende Spikesspuren auf dem Grün *nach* Beendigung des Lochs aus. Treten Sie nicht zu nahe an das Loch, und vermeiden Sie das Ausfransen der Lochkante durch unvorsichtiges Herausziehen oder Einstecken der Fahnenstange. Legen Sie die Fahnenstange vorsichtig ab, nach Möglichkeit außerhalb des Grüns. Stützen Sie sich bitte nicht auf den Putter beim Herausnehmen des Balls aus dem Loch.

Sauberkeit. Bitte werfen Sie abgebrochene Tees in die dafür vorgesehenen Behälter und lassen Sie auch keine anderen Abfälle auf dem Platz liegen. Bitte bücken Sie sich auch wegen Abfällen, welche von Spielern vor Ihnen liegen gelassen worden sind.
Ein ausgesprochenes Ärgernis sind Zigarettenstummel auf dem Platz. Für Raucher wurden deshalb Aschenbecher entwickelt, welche einfach am Golfbag oder am Wagen festgemacht werden können.

8.7. Fairness, Rücksichtnahme und Höflichkeit

Anstand. Bitte verhalten Sie sich ruhig und fair auf dem Platz und vermeiden Sie jegliches Verhalten, das andere Spieler stören könnte.

Ehre. Achten Sie darauf, dass immer in der richtigen Reihenfolge gespielt wird und insbesondere respektiert wird, wem die Ehre zusteht, als Erster abzuschlagen. Haben Sie aus Versehen Ihren Ball zu früh aufgeteet, so sollten Sie sowohl Ball als auch Tee wieder entfernen, bis Sie an der Reihe sind.

Kommentar. Kommentieren Sie nicht jeden Ihrer Schläge und lamentieren Sie insbesondere bitte nicht, wie misslich Ihr Spiel gerade verläuft und dass Sie es eigentlich viel besser könnten.
Üben Sie diesbezüglich auch Zurückhaltung was die Schläge Ihrer Mitspieler angeht und loben Sie sie nur für wirklich gute Schläge. Schwächere Spieler sollten darauf achten, gute Golfer nicht für Schläge zu loben, mit welchen diese möglicherweise gar nicht zufrieden sind. Überdies ist ein Schlag nicht bereits gut, wenn er schön fliegt, sondern nur, wenn er auch am richtigen Ort landet. Warten Sie deshalb mit jeglichem Lob, bis der Ball zur Ruhe kommt.
Tipps sind oftmals gut gemeint, sollten jedoch nur gegeben werden, wenn der Spieler danach gefragt hat. Beachten Sie, dass im Fall eines Turniers nur der Caddie oder der Teampartner dem Spieler so genannte Belehrung in Form von Tipps erteilen darf.

Fremdes Fairway. Sollten Sie aus Versehen Ihren Ball auf ein benachbartes Fairway schlagen, dann können Sie in der Regel dort ganz normal weiterspielen. Achten Sie aber darauf, dass Sie die Partie, welche das betreffende Loch spielt, nicht behindern. Sie haben kein Vorrecht auf fremden Fairways!

Ruhe. Wenn sich ein Spieler auf einen Schlag vorbereitet oder einen solchen ausführen möchte, so stellen Sie sich am besten ihm gegenüber auf. Stehen Sie nicht zu dicht bei ihm, stehen Sie nicht hinter seinem Rücken und auch nicht in der Verlängerung seiner Spiellinie. Vermeiden Sie in diesem Moment jegliche Geräusche und Bewegungen. Achten Sie bitte auch auf Ihren Schatten.

Falls Sie sich als Spieler durch etwas gestört fühlen, zögern Sie nicht, dies zur Sprache zu bringen (fordern Sie z. B. Ihren Mitspieler auf, etwas zurückzutreten oder still zu stehen). Unsinnig ist es, sich erst nach dem Schlag entsprechend zu äußern und womöglich dem Mitspieler die Schuld für einen verpatzten Schlag zu geben.

Aufenthaltsort. Generell sollten Sie sich immer auf derselben Höhe befinden, auf welcher der zu spielende Ball liegt. Vorgehen stört und ist überdies gefährlich.

Rücksicht. Bedenken Sie, dass noch andere Partien auf dem Platz sind, die sich eventuell durch Sie gestört fühlen könnten. Bleiben Sie also auch ruhig stehen, wenn Spieler anderer Gruppen in unmittelbarer Nähe sich auf einen Schlag vorbereiten. Achten Sie vor allem dann darauf, wenn Sie an anderen Grüns oder Abschlägen vorbeigehen.

Gruß. Es ist üblich, auf dem Golfplatz auch fremde Spieler zu grüßen.

Golfergruß. Ein stiller Gruß, auch fremden Spielern gegenüber, gehört auf dem Golfplatz zum guten Ton.

Fremde Bälle. Lassen Sie fremde Bälle liegen (es sei denn, es sind weit und breit keine anderen Spieler zu sehen und Sie sind absolut sicher, dass der gefundene Ball nicht mehr im Spiel ist).

Gemeinsame Ballsuche. Helfen Sie Ihren Mitspielern beim Suchen eines Balles. Dies spart Zeit und Sie werden auch froh sein, wenn man Ihnen hilft.

Puttlinie. Die Puttlinie ist heilig. Treten Sie nie auf die Puttlinie eines Mitspielers und auch nicht auf Ihre eigene.

Fahne bedienen. Bedienen Sie die Fahne für Ihre Mitspieler.

Selbstbeherrschung. Auf dem Golfplatz sind jegliche Temperamentsausbrüche zu unterlassen.

Keine Wutausbrüche. Fluchen, Schläger fortwerfen, zerbrechen, in den Boden rammen usw. sind im Golf absolut tabu und würden scharf sanktioniert.

Antreten und zu Ende spielen. Haben Sie sich zu einem Turnier angemeldet, so müssen Sie auch erscheinen. Zudem haben Sie die Pflicht, die Runde zu Ende zu spielen, auch wenn Sie keine Lust haben oder schlecht in Form sind. Nur ausnahmsweise darf ein Spiel unterbrochen oder abgebrochen werden, so z. B. bei Krankheit, Unfall, Dunkelheit, Unwetter mit Blitzgefahr (strömender Regen allein hingegen ist nicht Grund genug, um ein Wettspiel abzubrechen).
Exkurs: Gewitter mit Blitzschlag ist lebensgefährlich – ganz besonders auf dem Golfplatz. Bringen Sie sich daher *frühzeitig* in Sicherheit, spätestens jedoch, wenn zwischen Blitz und Donner weniger als 30 Sek. verstreichen. Sie brauchen insbesondere nicht abzuwarten, bis das Spiel von offizieller Seite abgebrochen wird.

Lassen Sie Ihre Golfausrüstung zurück und suchen Sie Schutz:
Im Clubhaus
In Blitzschutzhütten (Ausrüstung draußen lassen!)
Im Auto (nicht Golfcarts!)
In einer Mulde/Senke*
Notfalls in dichtem Wald*, aber weg von Baumstämmen
*In Kauerstellung mit den Füßen nahe beisammen.

Meiden Sie bei Blitzschlag:
Hügel und Kuppen
Masten und Leitungen
Einzelne Bäume, kleine Baumgruppen und Waldränder
Freies Feld
Schläger und Schirme
Wasserläufe (Teiche, Bäche usw.)
Fahnen
Metallzäune

Verhalten bei Blitzgefahr.
Wegen ihrer metallenen Ausrüstung sind Golfer bei Blitzschlag zusätzlich gefährdet. Lassen Sie im Fall eines Gewitters deshalb Ihre Ausrüstung zurück und bringen Sie sich frühzeitig in Sicherheit. Denken Sie daran, dass Sie als Spieler nicht auf einen offiziellen Abbruch warten müssen – Sie dürfen Ihr Spiel jederzeit unterbrechen, wenn Sie die Situation als gefährlich erachten.

Es wird empfohlen, das Spiel frühestens 30 Minuten nach dem letzten Donnerschlag wieder aufzunehmen.

Weisungen. Bitte beachten Sie stets die Weisungen und Hinweistafeln, welche auf dem Golfplatz angebracht sind.

Kinder und Haustiere. In der Regel sind weder Kleinkinder noch Hunde auf dem Gelände der Driving Range oder des Golfplatzes zugelassen.

Handy. Die Benützung von Mobiltelefonen ist auf praktisch allen Golfplätzen strikt untersagt. Auf ihren Gebrauch sollte auch im Clubhaus sowie auf der Driving Range verzichtet werden. Es ist dennoch empfehlenswert, das ausgeschaltete Telefon auch während der Golfrunde dabei zu haben, denn bei Not- und Unfällen kann rasch Hilfe herbeigerufen werden.

8.8. Ausrüstung

Vollständigkeit. Achten Sie darauf, dass Sie ordnungsgemäß und komplett ausgerüstet sind.

Kleidung. Beachten Sie, dass auf den Golfplätzen dieser Welt ganz unterschiedliche Vorschriften zur Kleidung gelten. Dies reicht von öffentlichen Plätzen ohne jegliche Vorschriften (tatsächlich gibt es sogar einen FKK-Golfplatz) bis hin zu ausgesprochen traditionsbewussten Clubs, welche nicht einmal kurze Hosen gestatten, oder dann nur in Kombination mit Kniestrümpfen. Wenn Sie sich an die nachfolgenden Empfehlungen halten, sollten Sie gut beraten sein und werden kaum je Probleme haben:
Achten Sie bei kurzen Hosen darauf, dass diese nicht zu kurz sind, d. h. nicht mehr als Handbreite über dem Knie enden. Keinesfalls sollten Sie Bade-, Tennis-, Trainingshosen o. Ä. tragen. Bluejeans sind ebenfalls auf praktisch allen Plätzen verboten. Bei Oberteilen ist darauf zu achten, dass die Schultern bedeckt sind (d. h. keine Trägerleibchen). Ärmellose Blusen sind oftmals nur in Kombination mit einem Kragen erlaubt. Herren dagegen müssen immer einen Kragen am Shirt haben, T-Shirts sind nicht erlaubt; zudem ist das Shirt in der Hose zu tragen.
Schirmmützen sollten nicht verkehrt herum aufgesetzt werden und es sind auf jeden Fall Golfschuhe zu tragen. Dabei ist zu beachten, dass Nagelschuhe heute auf den meisten Plätzen nicht mehr zugelassen sind; es werden sog. Softspikes empfohlen.
Am Abend ist in der Regel sportlich-elegante Garderobe angebracht, sofern keine weitergehenden Vorschriften bestehen. Wenn Sie nicht sicher sind, empfiehlt es sich, vorsichtshalber Jackett und Krawatte einzupacken.

Bälle. Die klassische Farbe für Golfbälle ist Weiß – farbige Bälle werden nicht überall mit Begeisterung aufgenommen. Strengstens verboten ist es, mit Driving-Range-Bällen auf dem Platz zu spielen.

Eigene Ausrüstung. Es ist verboten, zu zweit mit nur einem Golfbag zu spielen (Ausnahme: Wenn Sie als Team gemeinsam nur einen Ball spielen, so ist auch ein einziger gemeinsamer Bag erlaubt).

Standesgemäße Kleidung verbietet den Damen allzu offenherzige Oberteile und den Herren Shirts ohne Kragen. Shorts sollten eine angemessene Länge aufweisen (Bermuda-shorts).

Gary Player, einer der größten Golfspieler aller Zeiten sagte einst: „Abgesehen davon, dass er anständige Schläger und Bälle braucht, muss sich ein Spieler nach meinem Empfinden auch gut gekleidet wissen, um sein bestes Golf spielen zu können." Dem ist uneingeschränkt zuzustimmen.

Nicht erwünscht sind Trägerleibchen und für Herren Shirts ohne Kragen. Auf keinen Fall sind kurze Shorts, Badehosen, Trainingsanzüge o. Ä. zu tragen. Bluejeans sind ebenfalls verpönt. Zudem sollten die Hosen auch bei schlechtem Wetter nicht in die Socken gestopft werden.

8.9. Rücksichtnahme auf Damen

Damengolf. Es ist kaum zu glauben, doch früher waren vor einigen Clubhäusern tatsächlich Schilder zu finden, mit der Aufschrift „Hunde und Frauen nicht zugelassen!". Selbstverständlich sind Damen heute in allen Golfclubs herzlich willkommen, doch dem Grundsatz „ladies first" wird am Abschlag, wenn auch mit gutem Grund, nach wie vor die Anwendung verweigert.

Dies führt mitunter zu folgendem unangenehmen Szenario, wenn eine Dame mit mehreren Herren auf die Runde geht: Die Herren schlagen ab, laufen los, und vergessen dabei fast, am Damenabschlag innezuhalten. Nun ist die Dame an der Reihe, und kaum hat sie den Ball abgeschlagen, laufen die Herren schon wieder los. Die Dame schaut dem Ball nach, klaubt ihr Tee auf und steckt den Schläger zurück in die Golftasche. Einsam muss sie den Herren hinterherziehen. Bis sie vorne angelangt ist, warten die Herren oftmals schon ungeduldig bei ihrem Ball und die Dame fühlt sich unter Druck.

Deshalb eine Bitte an die Herren: Zügeln Sie Ihre Ungeduld und spielen Sie wirklich *zusammen* mit den Damen Golf, indem Sie auch gemeinsam voranschreiten. Es wäre eine Schande, wenn die Damen nur noch am Ladies' Day zum Golfspiel erscheinen würden.

Damengolf. Auf dem Golfplatz gilt der Grundsatz des „ladies first" nicht. Umso mehr sollten die Herren darauf achten, am Damenabschlag innezuhalten und gemeinsam mit ihren Mitspielerinnen voran zu schreiten. Nicht umsonst gilt Golf als Gentleman Sport.

9. Grundbegriffe

Abschlag. Als Abschlag bezeichnet man einerseits die Abschlagsfläche und andererseits auch den von dort ausgeführten (Ab-) Schlag.

Die Abschlagsfläche ist meist leicht erhöht und besteht aus einer ebenen, kurz gemähten Rasenfläche. Sie ist der Ausgangspunkt des zu spielenden Lochs. Um den unterschiedlichen Spielstärken gerecht zu werden, verfügt jedes Loch über mehrere Abschläge, welche mit verschiedenen Farben gekennzeichnet sind.

Ansprechen. Ein Ball gilt als angesprochen, wenn der Spieler seinen Stand eingenommen hat (d. h. seine Füße für den Schlag in Stellung gebracht hat) und den Schläger auf dem Boden aufgesetzt hat. Doch Vorsicht: In *Hindernissen* (Bunker und Wasserhindernisse) ist der Ball bereits angesprochen, wenn der Spieler seine *Standposition* eingenommen hat – denn hier darf er den Schläger gar nicht aufsetzen.

Aus. Als Aus bezeichnet man jenen Bereich, welcher im Sinn der Regeln nicht mehr zum Platz gehört. Ein Ball im Aus darf nie gespielt werden (zurückgehen zur Stelle des letzten Schlags und mit 1 STRAFSCHLAG droppen bzw. am Abschlag aufteen). Das Aus ist meistens mit weißer Farbe gekennzeichnet (Pfosten, Zäune, Mauern o. Ä.), manchmal ist es aber auch nur in den Platzregeln festgelegt, ohne farblich gekennzeichnet zu sein.

Ausrüstung. Die Ausrüstung umfasst praktisch alle Gegenstände des Spielers. Kleine Dinge wie Münzen, Tees usw., welche zum Markieren benutzt werden, fallen nicht darunter.

Ball. In Turnieren sind nur Bälle erlaubt, welche den Spezifikationen der Regeln entsprechen. Praktisch alle im Handel erhältlichen Produkte genügen diesen Anforderungen. Vorsicht ist jedoch geboten, wenn die Wettspielausschreibung Bälle verlangt, welche im „Verzeichnis zugelassener Golfbälle" des R&A enthalten sind. Sog. X-Out-Bälle zugelassener Marken, d. h. Bälle bei denen der Schriftzug mit mehreren X überdruckt ist, sind dann nicht erlaubt. Driving-Range-Bälle sind ausschließlich für das Übungsgelände bestimmt.

Grundsätzlich muss mit dem Ball, mit welchem abgeschlagen wird, am betreffenden Loch auch eingelocht werden. Bälle dürfen also nur zwischen dem Spielen von zwei Löchern ausgetauscht werden. Wird ein Ball jedoch während des Spielens eines Lochs spielunbrauchbar (tiefe Kerben oder sonstige schwere Beschädigungen – lediglich Kratzer genügen nicht), so darf er nach entsprechender Information an die Mitspieler STRAFLOS ersetzt werden.

Bedienen. Beim Bedienen der Fahne (offiziell „Flaggenstock") hält eine vom Spieler bestimmte Person die Fahne und zieht sie unmittelbar nach dem Schlag aus dem Loch. Die bedienende Person sollte seitlich neben dem Loch stehen und dabei die Fahne mit waagrecht ausgestrecktem Arm halten.

Belehrung. Als Belehrung gilt jeder Ratschlag, welcher beim Spielen hilfreich wäre und den Schlag, die Spielweise oder die Schlägerwahl beeinflussen könnte. Das Erbitten oder Erteilen von Belehrung ist nicht zulässig (außer von einem etwaigen Teampartner oder Caddie). Allgemein zugängliche Informationen wie z. B. Distanzen, die Lage von Hindernissen, die Fahnenposition usw. fallen aber nicht unter diesen Begriff.

Besser legen. In den Wintermonaten oder wenn der Platz in schlechter Verfassung ist, kann die Spielleitung ausnahmsweise erlauben, den Ball besser zu legen („Winter Rules"). Die Lage des Balls darf dann gekennzeichnet, der Ball aufgenommen und gereinigt werden. Anschließend muss er innerhalb von 1 Scorekartenlänge (manchmal auch innerhalb 1 Schlägerlänge) der ursprünglichen Lage, nicht näher zum Loch, wieder hingelegt werden.

Bewegter Ball. Ein Ball gilt als bewegt, wenn er in Bewegung gerät und an einer anderen Stelle zur Ruhe kommt, d. h. seine Lage verändert. Bloßes Wippen oder Wackeln des Balles gilt damit im Sinn der Regeln nicht als bewegt.

Boden in Ausbesserung (B.i.A.). Boden in Ausbesserung sind Flächen auf dem Platz, welche von der Spielleitung als solche deklariert worden sind. Der B.i.A. wird mit blauer Farbe gekennzeichnet (Pfähle, Linien o. Ä.) oder ist in den Platzregeln besonders erwähnt. Ebenfalls als B.i.A. gilt zur Beseitigung angehäuftes Material und von Platzpflegern gemachte Löcher, auch wenn sie nicht besonders gekennzeichnet oder erwähnt sind. B.i.A. fällt unter den Oberbegriff „Ungewöhnlich beschaffener Boden".

Bunker. Ein Bunker ist ein Hindernis in Form einer vertieften, mit Sand belegten Bodenstelle. Grasbewachsener Boden im Bunker ist nicht Bestandteil desselben, sondern gehört zum Gelände. Bunker entlang dem Fairway werden auch als Fairwaybunker bezeichnet, Bunker ums Grün herum dementsprechend als Grünbunker. (Oftmals gibt es auch bunkerähnliche Vertiefungen auf dem Platz, welche jedoch nicht mit Sand aufgefüllt sind, sondern aus Rasen bestehen – dann spricht man gerne von Gras-/Rasenbunker. Es handelt sich dabei jedoch nicht um Bunker im eigentlichen Sinn.)

Caddie. Als Caddie bezeichnet man diejenige Person, welche die Schläger eines Spielers trägt oder sie ihm zureicht und ihm auf sonstige Weise in Übereinstimmung mit den Regeln behilflich ist.
Der Caddie gehört zum Spieler, weshalb Letzterer auch die *Verantwortung* für diesen trägt: Begeht der Caddie einen Regelverstoß, so wird der Spieler dafür bestraft.

Droppen. Siehe „Fallenlassen".

Ehre. Der Spieler, welcher als Erster vom Abschlag zu spielen berechtigt ist, hat – wie man sagt – die Ehre. Die Ehre sollte nicht abgelehnt werden.

Erleichterung. Der Spieler hat unter gewissen, von den Regeln genau umschriebenen Umständen Anspruch auf (straflose) Erleichterung. Die Anwendung von Erleichterungsverfahren ist meist freiwillig, kann aber in gewissen Fällen auch durch Platzregel vorgeschrieben sein. Wird von den Regeln Erleichterung nicht ausdrücklich vorgesehen, so gilt der Grundsatz, dass der Ball so zu spielen ist, wie er liegt.

Fairway. Kurz gemähte Spielfläche. Das Fairway gehört im Sinn der Regeln zum Gelände.

Fallenlassen. Fallenlassen heißt, den Ball mit waagrecht ausgestrecktem Arm in Schulterhöhe fallen lassen. Ein Ball, welcher fallen zu lassen ist, darf stets gereinigt werden.

Der fallen gelassene Ball darf nicht

- in ein Hindernis rollen, wenn er außerhalb fallen gelassen wurde,
- aus einem Hindernis hinausrollen, wenn er darin fallen gelassen wurde,
- auf ein Grün rollen,
- ins Aus rollen,
- in den vorausgegangenen Umstand zurückrollen, wenn von ungewöhnlich beschaffenem Boden oder einem unbeweglichen Hemmnis (künstlich) Erleichterung genommen wurde,
- weiter als zwei Schlägerlängen von jenem Punkt wegrollen, wo er beim Fallenlassen auf den Platz auftraf,
- näher zum Loch rollen,
- den Spieler oder seine Ausrüstung treffen.

Tritt einer der genannten Fälle ein, so muss der Ball STRAFLOS erneut fallen gelassen werden. Tritt nach dem zweiten Fallenlassen wieder einer dieser Fälle ein, so muss der Ball an der Stelle, wo er beim zweiten Fallenlassen auf den Platz auftraf, hingelegt werden*. Bleibt der hingelegte Ball nicht liegen, so muss er erneut hingelegt werden. Bleibt er abermals nicht liegen, so ist er am nächsten Punkt, wo er liegen bleibt, nicht näher zum Loch, hinzulegen. (*Ausnahme: Wenn der Ball den Spieler oder seine Ausrüstung trifft, darf er auch nach dem zweiten Fallenlassen nicht hingelegt werden, sondern muss so lange erneut fallen gelassen werden, bis er den Spieler oder die Ausrüstung nicht mehr trifft.)

NB: Um Missverständnisse und Verwechslungen zu vermeiden, empfiehlt es sich, jeden neuen Ball, der ins Spiel gebracht wird, mit Marke und Ziffer anzukündigen.

Gelände. Das Gelände umfasst die gesamte Fläche des Platzes, ohne Aus, ohne Abschlag und ohne Grün des zu spielenden Lochs und ohne sämtliche Hindernisse.

Ground under Repair (GUR). Siehe „Boden in Ausbesserung".

Grün. Als Grün bezeichnet man die kurz gemähte Rasenfläche um das Loch, welche besonders präpariert ist und auf der geputtet wird. Das Grün bedarf größtmöglicher Schonung.

Hemmnis. Als Hemmnis bezeichnet man alles Künstliche auf dem Platz, eingeschlossen die künstlich angelegten Oberflächen von Straßen und Wegen. Hemmnisse gehören im engeren Sinn nicht zum Golfspiel, weshalb von ihnen in der Regel STRAFLOSE Erleichterung in Anspruch genommen werden darf. Die Spielleitung kann jedoch künstliche Gegenstände auch zum Bestandteil des Platzes erklären; alsdann sind sie nicht mehr Hemmnis und es steht KEINE STRAFLOSE Erleichterung zu. Die Hemmnisse sind eingeteilt in bewegliche und unbewegliche Hemmnisse.
NB: Gegenstände, welche das Aus bezeichnen (Pfosten, Zäune, Mauern usw.) gelten nie als Hemmnisse.

Hindernis. Als Hindernisse gelten Bunker und Wasserhindernisse.

Lesen. Das Grün lesen heißt, es nach Grasbeschaffenheit und Neigung von Auge zu betrachten und zu bewerten, um die ideale Puttlinie zu bestimmen. Das Lesen des Grüns ist zu unterscheiden vom Prüfen der Oberfläche durch Aufrauen oder Rollen eines Balls, was nicht erlaubt wäre.

Local Rules. Siehe „Platzregeln".

Lochspiel. Im Lochspiel spielen direkte Gegner Loch für Loch gegeneinander. Gewinner ist derjenige Spieler, welcher mit mehr Löchern führt, als noch zu spielen sind. Im Lochspiel sind die besonderen Lochspielregeln maßgebend (siehe S. 156ff.).
NB: Sofern nichts anderes vorgesehen ist, beträgt die Strafe für einen Regelverstoß im Lochspiel LOCHVERLUST.

Lose hinderliche Naturstoffe. Unter diesen Begriff fallen alle natürlichen Gegenstände wie z. B. Steine, Blätter, Zweige, Äste, Kot, Würmer und Insekten sowie Ausgeworfenes von ihnen (z. B. Wurmhäufchen), sofern die betreffenden Gegenstände lose sind, d. h. weder befestigt noch angewachsen noch fest eingebettet und auch nicht am Ball haften. Lose hinderliche Naturstoffe dürfen überall auf dem Platz, außer in Hindernissen, STRAFLOS entfernt werden.
NB: Tau und Reif gehören nicht dazu. Sand und lose Erde gelten nur auf dem *Grün* als lose hinderliche Naturstoffe.

Markieren. Einen Ball markieren heißt, seine Lage kennzeichnen. Dabei verwendet man als Markierungsgegenstand auf dem Grün idealerweise einen speziellen Ballmarker, welcher einen kleinen Stiel und eine flache Oberfläche besitzt. Häufig gebraucht man auch eine Münze oder notfalls den abnehmbaren Knopf, welcher sich an den meisten Golfhandschuhen befindet. Außerhalb des Grüns wird vorteilhafterweise ein größerer Gegenstand wie z. B. ein Tee oder eine Pitchgabel verwendet.

Matchplay. Siehe „Lochspiel".

Mitbewerber. Mitspieler im Zählspiel.

Mulligan. Der so genannte Mulligan ist ein populärer, von den Regeln aber keineswegs vorgesehener Brauch am ersten Abschlag. Er besteht darin, dem Spieler einen zweiten Versuch zu gewähren, falls sein erster Schlag misslingt – ohne dabei den ersten Schlag oder einen Strafschlag zu zählen. Solche Erleichterung kann nur in privaten, freundschaftlichen Runden zur Anwendung kommen.

Nächstgelegener Punkt der Erleichterung. Bei zahlreichen Erleichterungsverfahren ist der Ball am nächsten Punkt fallen zu lassen, an welchem der Spieler nicht mehr durch den störenden Umstand behindert wird.
Zu beachten ist, dass dieser Punkt nie näher beim Loch liegen darf, als die ursprüngliche Lage des Balls. Zudem kann der Spieler nicht straflos von einem Bereich in einen anderen droppen, d. h. wird im Bunker Erleichterung genommen, so kann der Ball NICHT STRAFLOS außerhalb des Bunkers gedroppt werden; dasselbe gilt für Wasserhindernisse.

Nicht zum Spiel Gehöriges. Hierunter fällt alles was nicht zum Spieler selbst oder seiner Ausrüstung gehört (z. B. Tiere, Spaziergänger, andere Spieler usw.).
NB: Wind und Regen gehören hingegen zum Spiel (d. h. wird der Ball auf diese Weise bewegt, muss er gespielt werden wie er liegt).

Out of Bounds (OB). Siehe „Aus".

Pitchmark/-gabel. Einschlaglöcher, welche beim Auftreffen des Balls auf dem Grün entstehen, werden auch als Pitchmark bezeichnet. Das Werkzeug zum Reparieren dieser Balleinschlaglöcher heißt Pitchgabel. Jeder Golfer sollte stets eine solche Pitchgabel in der Tasche haben.

Platz. Gesamte Fläche, auf der gespielt werden darf (d. h. ohne Aus).

Platzregeln. Die Platzregeln werden für jeden Golfplatz gesondert aufgestellt. Sie sind auf der Rückseite der Scorekarte oder am Anschlagbrett zu finden.

Probeschlag/-schwung. Siehe „Übungsschlag/-schwung"

Provisorischer Ball. Ein provisorischer Ball wird gespielt, wenn der ursprüngliche Ball verloren sein könnte, d. h. der erste Ball könnte möglicherweise im Aus gelandet oder unauffindbar sein. Das Verfahren dient der Zeitersparnis.

Prüfen. Das Prüfen der Oberfläche eines Grüns durch *Aufrauen* oder *Rollen eines Balls* ist nicht erlaubt. Vgl. dagegen „Lesen".

Puttlinie. Linie, welche nach Absicht des Spielers sein Ball nach einem auf dem *Grün* gespielten Schlag nehmen soll (nur bis zum Loch, aber mit angemessenem Abstand beiderseits der Linie). Vgl. dagegen „Spiellinie".

Rough. Hohes sowie ungeschnittenes Gras, Büsche und Waldbestand auf dem Golfplatz. Das Rough gehört im Sinn der Regeln zum Gelände.

Schlag. Der Schlag ist definiert als Vorwärtsbewegung des Schlägers, mit der Absicht, den Ball zu schlagen. Ein verunglückter Schlag oder Luftschlag zählt somit auch. Es muss sich um eine tatsächliche Schlagbewegung handeln, andere Arten der Fortbewegung des Balls, wie Stoßen, Schieben, Löffeln, Kratzen usw. sind nicht erlaubt.

Schlägerlänge. Maßeinheit im Golf, wobei ein beliebiger Schläger zum Abmessen verwendet werden kann (überlange sog. Besenstiel-Putter sind nach den Regeln ebenfalls zulässig, werden aber aus Gründen der Fairness nicht verwendet).

NB: 1 Schlägerlänge wird angewandt, wenn ein Fallenlassen STRAFLOS ist; bezahlt man hingegen mit einem STRAFSCHLAG, so dürfen in der Regel 2 Schlägerlängen abgemessen werden.

Semirough. Zwischenstufe zwischen Fairway und Rough. Das Semirough gehört im Sinn der Regeln zum Gelände.

Spielfolge. Die Spielfolge am ersten Abschlag ergibt sich aus der Aufstellung (Startliste). Ist eine solche nicht gegeben, dann entscheidet das Los. In privaten, freundschaftlichen Runden ist es auch üblich nach Hcp zu starten, wobei der Spieler mit dem niedrigsten Hcp die Ehre hat.

An den weiteren Abschlägen hat jeweils die Ehre, wer am vorhergehenden Loch das beste Resultat erzielt hat. Spielt jedoch ein Spieler von den hinteren Abschlägen, schlägt er in der Regel immer vor allen anderen Spielern ab, die von weiter vorne spielen. Nach dem Abschlagen ist immer derjenige Spieler an der Reihe, dessen Ball am weitesten vom Loch entfernt liegt. Im Interesse der Zeitersparnis darf von dieser Reihenfolge abgewichen werden (insbesondere z. B. wenn ein Ball ganz nahe am Loch liegen bleibt).

Spiellinie. Linie, welche nach Absicht des Spielers sein Ball nach einem Schlag nehmen soll (nur bis zum Loch, aber mit angemessenem Abstand beiderseits der Linie). Vgl. dagegen „Puttlinie".

Spielzufall. Wird ein Ball in Bewegung zufällig durch äußeren Einfluss abgelenkt, so gilt dies als Spielzufall und der Ball muss in der Regel weitergespielt werden, wie er liegt.

Strafschlag. Ein Strafschlag ist nicht im eigentlichen Sinn ein ausgeführter Schlag, sondern ein Schlag, den man wegen eines Spielfehlers oder eines Regelverstoßes dem Score hinzuzählen muss.

NB: 1 STRAFSCHLAG gelangt in der Regel bei einem Spielfehler zur Anwendung (Ball im Wasser, im Aus usw.). 2 STRAFSCHLÄGE dagegen sind in der Regel die Folge bei einem Regelverstoß, der mit etwas Vorsicht hätte vermieden werden können (Schläger im Bunkersand aufgesetzt, falschen Ball gespielt usw.).

Strokeplay. Siehe „Zählspiel".

Tee. Bezeichnet einerseits die Abschlagsfläche, andererseits den Holz- bzw. Kunststoffstift zum Aufsetzen des Balls.

Tierspuren. Gewisse Tierspuren fallen unter den Oberbegriff „Ungewöhnlich beschaffener Boden". Es sind dies jedoch nur drei Arten von Spuren, nämlich Löcher, Aufgeworfenes und Laufwege. Hinzu kommt die weitere Einschränkung, dass solche Spuren von Erdgänge grabenden Tieren, von Reptilien oder von Vögeln stammen müssen (z. B. Maulwurfshügel, Mauselöcher, Kaninchen- und Fuchsbauten). Da die meisten Spuren nicht eindeutig zugeordnet werden können, spielt diese Regeldefinition in der Praxis keine große Rolle.

Übungsschlag/-schwung. Bei einem Übungsschlag wird ein Ball zu Übungszwecken geschlagen. Bei einem Übungs-/Probeschwung hingegen handelt es sich lediglich um eine Schwungbewegung, ohne dass nach einem Ball geschlagen wird. Es ist also ein absichtlicher Luftschlag, um das Gefühl für einen Schlag zu entwickeln.
Übungsschläge sind während der Runde in der Regel nicht erlaubt. Probeschwünge hingegen dürfen jederzeit erfolgen, sofern dadurch keine Regel verletzt wird (besonders in Hindernissen muss darauf geachtet werden, dass dabei der Boden mit dem Schläger nicht berührt werden darf).

Ungewöhnlich beschaffener Boden. Unter diesen Begriff fallen drei Umstände: *Zeitweiliges Wasser, Boden in Ausbesserung* sowie gewisse *Tierspuren* (siehe dort). Von ungewöhnlich beschaffenem Boden steht dem Spieler in der Regel STRAFLOSE Erleichterung zu.

Unspielbarer Ball. Ein Ball kann jederzeit und überall auf dem Platz, *außer in Wasserhindernissen,* für unspielbar erklärt werden. Ob sich der Ball, objektiv gesehen, tatsächlich in einer nicht spielbaren Lage befindet, ist dabei irrelevant; es ist die absolut freie Entscheidung eines jeden Spielers, seinen Ball für unspielbar zu erklären und mit 1 STRAFSCHLAG zu droppen.

Verlorener Ball. Im Sinn der Regeln ist ein Ball verloren, wenn er im Aus liegt oder innerhalb von 5 Minuten nicht gefunden bzw. nicht als der eigene identifiziert werden kann. Der Spieler muss zurückgehen zur Stelle des letzten Schlags und mit 1 STRAF-SCHLAG droppen bzw. am Abschlag erneut aufteen.

Vorgrün. Das Vorgrün bildet eine Zwischenstufe zwischen Fairway und Grün. Es gehört im Sinn der Regeln nicht zum Grün, sondern zum Gelände.

Wasserhindernis. Wasserhindernisse sind natürliche oder künstlich angelegte Wasserläufe (Flüsse, Teiche, Seen, Meere usw.). Frontale Wasserhindernisse sind durch gelbe Pfähle, seitliche Wasserhindernisse durch rote Pfähle gekennzeichnet.
NB: Die offiziellen Golfregeln kennen den Begriff „frontal" nicht, sondern unterscheiden nur zwischen seitlichen Wasserhindernissen und Wasserhindernissen. Der Begriff „frontal" wird in diesem Werk aber konsequent verwendet, weil er zweckmäßig ist und dem Sprachgebrauch entspricht.

Winter Rules. Siehe „Besser legen".

Zähler. Der Zähler ist diejenige Person, welche für einen Spieler die Schlagzahlen aufschreibt. Der Zähler ist nicht der Schiedsrichter des Spielers und hat demzufolge keine entsprechende Entscheidungsbefugnis.

Zählspiel. Im Zählspiel gewinnt derjenige Spieler, welcher für die Runde am wenigsten Schläge benötigt.
NB: Sofern nichts anderes vorgesehen, ist die Strafe für einen Regelverstoß im Zählspiel 2 STRAFSCHLÄGE.

Zeitweiliges Wasser. Zeitweiliges Wasser ist jede vorübergehende Wasseransammlung auf dem Platz außerhalb eines Wasserhindernisses, die sichtbar zutage tritt, bevor oder nachdem der Spieler seine Standposition eingenommen hat (z. B. Pfützen, Eis, Schnee). Zeitweiliges Wasser fällt unter den Oberbegriff „ungewöhnlich beschaffener Boden".

III. Praxis

1. Vor Betreten der Golfplatzanlage

Gastrecht. Wenn Sie vorhaben, in einem Golfclub zu spielen, welcher nicht Ihr Heimclub ist, so empfiehlt es sich, dort vorher anzurufen, um zu erfragen, ob Gäste willkommen sind und ob Ihr *Hcp-/PR-Ausweis* anerkannt ist. In einigen Clubs sind Gäste grundsätzlich nur wochentags zugelassen, und nicht selten wird ein Mindesthandicap von 30 oder niedriger verlangt. Ausweise von fernen ausländischen Clubs werden nicht immer anerkannt.

Startzeit. Rufen Sie immer im Clubsekretariat an, um abzuklären, ob der Platz überhaupt bespielbar ist (evtl. ist er infolge schlechter Witterung oder wegen Turnierbetriebs gesperrt) und um eine Startzeit zu reservieren.
Falls Sie an einem Turnier teilnehmen, so können Sie Ihre Startzeit in der Regel einen Tag vor dem Wettspiel via Tonband abhören oder über Internet abfragen.

Ausrüstung. Kontrollieren Sie, ob Sie das *Wichtigste* eingepackt haben. Kleinigkeiten wie Tees, Bälle usw. können Sie notfalls auch noch im Proshop einkaufen.

Innere Ruhe. Nehmen Sie sich Zeit, wenn Sie zum Golfspielen gehen. Sind Sie gestresst, müde oder in Eile, haben Sie persönliche Konflikte oder unerledigte Arbeit, welche Ihnen im Kopf umhergeistert, so werden Sie kaum in der Lage sein, wunschgemäß zu spielen.

Zeitreserve. Es empfiehlt sich, mindestens *eine Stunde* vor Abschlagzeit am Golfplatz einzutreffen. Nur so haben Sie genügend Zeit, um Ihre Ausrüstung zu kontrollieren, sich umzuziehen, das Administrative im Sekretariat zu erledigen, sich auf der Driving Range warm zu spielen und 10 Minuten vor Abschlagzeit am ersten Abschlag bereitzustehen.

2. Im Clubhaus

Anmeldung und Bezahlung. Wenn Sie im Golfclub eintreffen, sollten Sie sich unverzüglich im Sekretariat (evtl. im Proshop) anmelden und ohne Aufforderung Ihren Hcp-/PR-Ausweis vorweisen. Tragen Sie sich wenn nötig im Gästebuch ein. Vergessen Sie nicht, genügend Kleingeld/Jetons für den Ballautomaten der Driving Range zu wechseln und bezahlen Sie die anfallenden Gebühren:

- **Rangefee**
  Gebühr zur Benützung der Driving Range.

- **Greenfee**
  Gebühr zum Bespielen des Golfplatzes (je nachdem für 18 Löcher oder tagesweise) inklusive Rangefee.

- **Matchfee**
  Start-/Nenngebühr bei Turnieren.

- **Trolleyfee**
  Miete des Golfhandwagens.

- **Cartfee**
  Miete des Golfcarts.

Garderobe. Praktisch jeder Golfclub hält für seine Spieler und Gäste Garderoben im Clubhaus bereit. Bitte benützen Sie diese auch um Ihre Schuhe zu wechseln und tun Sie das nicht auf dem Parkplatz. Bitte beachten Sie, dass gewisse Bereiche des Clubhauses ausschließlich den Mitgliedern vorbehalten sein können.

Scorekarte. Kontrollieren Sie vor einem Turnier Ihre Scorekarte, insbesondere ob das eingetragene *Hcp* dem aktuellen Stand entspricht. Sollte dies nicht der Fall sein, so klären Sie diese Unstimmigkeit sofort im Sekretariat ab. (Verschieben Sie das insbesondere nicht auf nach der Runde, da dies erst über vier Stunden später wäre und Sie es bis dahin wahrscheinlich vergessen haben. Ein Spieler, welcher eine Scorekarte mit einem zu hohen Hcp einreicht, wird DISQUALIFIZIERT[1].)

Zähler	Loch	Herren Champion	Herren Normal	Damen Champion	Damen Normal	Hcp	Par	Spieler		- 0 +
	1	380	345	335	315	7	4			
	2	370	350	315	295	9	4			
	3	490	475	445	420	15	5			
	4	175	160	155	140	11	3			
	5	325	275	270	235	17	4			
	6	560	520	495	460	3	5			
	7	195	170	165	145	13	3			
	8	400	385	355	340	1	4			

Spieler Josef Müller **Hcp** 19.8/24

Spiel Monatsbecher Stableford/Weiße Tees **Datum** 17.07.08

Kopfzeilen einer Scorekarte.
Alle Eintragungen auf der Scorekarte sollten genauestens überprüft werden – insbesondere das Handicap.

Spielform und Bedingungen. Informieren Sie sich über die ausgeschriebene Spielform (Stableford, Zählspiel, Lochspiel usw.), von welchen Abschlägen (welche Farbe) gespielt wird und an welchem Loch Sie starten müssen.
Lesen Sie die *Platzregeln* auf der Rückseite der Scorekarte oder am Anschlagbrett. Achten Sie auch auf Anschläge für *temporäre Platzregeln* sowie auf besondere *Wettspielbedingungen*.

Golfcarts. Sollten Sie mit einem Golfcart unterwegs sein, so lesen Sie die diesbezüglich geltenden Sicherheitsbestimmungen und Verkehrsregeln aufmerksam durch. Da Golfcarts den Rasen stark belasten, darf mit ihnen das Fairway oftmals nicht befahren werden. Häufig darf man die Wege mit dem Gefährt nicht verlassen und muss zu Fuß bis zum Ball gehen. Manchmal darf man aber auch das Fairway befahren, wobei diese Strecken so kurz wie möglich zu halten sind, d. h. man fährt auf den für Carts ausgewiesenen Wegen bis auf die Höhe des Balls und fährt dann in einem Winkel von 90° zum Ball (90° Cart Rule).

Ausrüstung. Überprüfen Sie Ihre Ausrüstung – fehlende Gegenstände können Sie nun noch im Proshop einkaufen.

63

Im Clubhaus

☑ **Checkliste für die Ausrüstung:**

☐ Mitgliedsplakette oder Greenfeekarte (gut sichtbar)
☐ Scorekarte und wasserfestes Schreibzeug
☐ Schläger (max. 14)
☐ Tasche, evtl. Handwagen
☐ Schuhe
☐ Handschuhe
☐ Bälle (ausreichende Anzahl)
☐ Tees (ausreichende Anzahl)
☐ Ballmarker
☐ Pitchgabel
☐ Tuch zum Reinigen von Schlägern und Ball
☐ Regenschirm/-anzug, Regenhaube für Golfbag
☐ Hut/Mütze/Schild, Sonnencreme
☐ Verpflegung
☐ Aschenbecher für Raucher
☐ Regelbuch/„Golfregeln kompakt"
☐ ....
☐ ....

---

1 Regel 6-2.b.

3. Auf der Driving Range

Rücksichtnahme und Vorsicht. Bitte vermeiden Sie beim Betreten der Anlage, die übenden Spieler zu stören. Unterlassen Sie nach Möglichkeit Gespräche oder führen Sie diese nur leise. Bewegen Sie sich zu Ihrer eigenen Sicherheit immer in einem großen Bogen um Spieler, welche einen Schläger in der Hand halten oder sich gerade auf einen Schlag vorbereiten.

Schonung. Beachten Sie die Weisungen, welche die Abschlagplätze betreffen; insbesondere darf nur vom Rasen abgeschlagen werden, wo dies ausdrücklich erlaubt ist (normalerweise durch zwei Seile angezeigt). Divots werden auf der Driving Range grundsätzlich nicht wieder eingesetzt.

Abschlagbereich. Bitte schlagen Sie auf der Driving Range nur von den Matten bzw. zwischen den Seilen ab.
Achten Sie jedoch darauf, dass Sie nicht zu nahe an den Seilen abschlagen – Sie könnten sich beim Schlag im Seil verheddern und verletzen.

Vermeidung von Unfällen. Beachten Sie, dass die Spieler auf der Driving Range relativ nah beieinander stehen und somit erhöhte Unfallgefahr besteht. Verletzungen ergeben sich meist, wenn sich Personen im Schwungradius anderer Spieler aufhalten.
Bleiben Sie stets auf gleicher Höhe mit den anderen Übenden und betreten Sie die Rasenfläche der Driving Range während des Spielbetriebs unter keinen Umständen (insbesondere nie, um Bälle oder weggeflogene Tees wieder einzusammeln). Auch von allenfalls an die Driving Range angrenzenden Spielbahnen aus dürfen Sie nie den Rasen derselben betreten (die Driving Range gilt in diesen Fällen ohnehin meist als Aus).

Auf der Driving Range

Zielbereich sichern. Vergewissern Sie sich, dass sich keine Platzarbeiter in Ihrem Zielbereich befinden. Achten Sie insbesondere auch auf Personen, welche sich auf Spielbahnen aufhalten, die an die Driving Range angrenzen.

Pause. Sollten Sie während Ihres Trainings auf der Driving Range eine Pause einlegen, so machen Sie bitte den Abschlagplatz für andere Spieler frei.

Übungsgrün und -bunker. Das Putting-Grün ist in aller Regel ausschließlich zum Einlochen mit dem Putter bestimmt. Für Chipping (kurze flache Annäherungsschläge) oder Pitching (kurze hohe Annäherungsschläge) steht ein gesondertes Chipping-/Pitching-Grün zur Verfügung. Auch im Übungsbunker sollte es selbstverständlich sein, dass man seine Spuren nach dem Training wieder einebnet.

Driving-Range-Bälle. Die Übungsbälle sind Eigentum der Driving Range und dürfen *nie* von deren Gelände entfernt werden.

Driving-Range-Bälle gehören nur auf das Übungsgelände und dürfen unter keinen Umständen auf dem Platz gespielt werden – andernfalls droht Platzverweis.

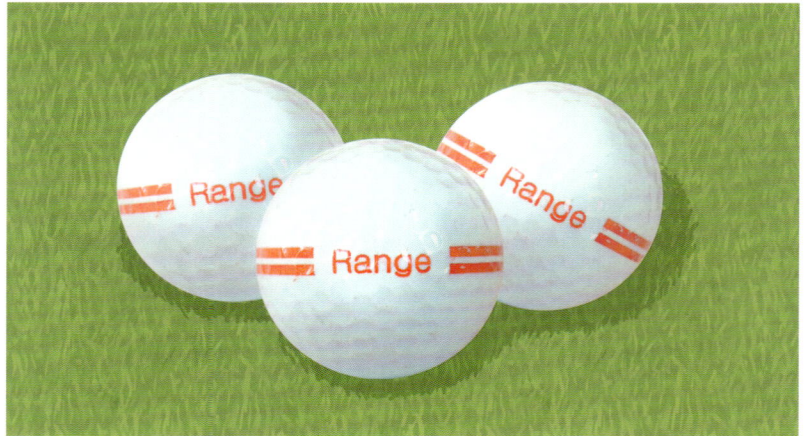

Ballkörbe. Bringen Sie die leeren Ballkörbe bitte wieder zum Ballausgabeautomaten zurück.

4. Wichtige Grundregeln

Grundsatz: Ball spielen, wie er liegt. Sofern die Regeln nicht ausdrücklich etwas anderes gestatten, besagt der Grundsatz des Golfspiels, dass

- der Ball zwischen Abschlag und Grün nicht berührt werden soll[1],
- der Ball gespielt werden soll, wie er liegt (bzw. wenn seine Lage verändert wurde, so, wie er lag, als er zur Ruhe kam)[2],
- der Platz gespielt werden soll, wie man ihn vorfindet[3].

Dies beinhaltet, dass man nie versuchen sollte, sich einen Vorteil zu verschaffen, indem man die Lage des Balls, den Raum des beabsichtigten Stands und Schwungs oder die Spiellinie auf *ungerechtfertigte* Weise verbessert (dies gilt zudem auch für die Fläche zum Fallenlassen oder Hinlegen eines Balls). Insbesondere ist es untersagt, vor dem Schlag etwas, das angewachsen oder befestigt ist, zu *bewegen,* zu *biegen* oder zu *brechen* (z. B. Äste abbrechen, Bodenunebenheiten niederdrücken usw.)[4].

Nur wenn eine Regel ein entsprechendes Erleichterungsverfahren vorsieht und *ausdrücklich* etwas anderes gestattet, darf vom erwähnten Grundsatz abgewichen werden. Im Zweifelsfall sollten Sie den Ball einfach so spielen, wie er liegt[5]. Damit können Sie praktisch nie etwas falsch machen, es sei denn, der Ball liege

- im Aus[6],
- auf einem falschen Grün[7],
- in einem Bereich, von welchem das Spiel durch Platzregel untersagt wurde[8] (B.i.A., geschütztes Biotop usw.).

Sollte es Ihnen gar nicht möglich sein, den Ball zu spielen, wie er liegt, so können Sie ihn selbstverständlich auch für unspielbar[9] erklären bzw. nach der Wasserhindernisregel vorgehen[10] – was jedoch mit 1 STRAFSCHLAG verbunden wäre.

Insbesondere muss der Ball auch gespielt werden, wie er liegt, wenn der Spieler mit dem Ausgang seines Schlags nicht zufrieden ist, z. B. da er durch ein vorbeifahrendes Auto, einen niesenden Mitspieler o. Ä. abgelenkt wurde. Ablenkungen gehören zum Spiel[11] und im Golf besteht so gut wie nie die Möglichkeit, einen Schlag straflos wiederholen zu können.

Wenn Sie sich an diese einfache Grundregel halten, werden Sie kaum je mit dem Regelwerk in Konflikt geraten. Versuchen Sie zudem nie, eine Regel zu umgehen oder zu Ihrem Vorteil zu verbiegen, denn auch für solche Fälle haben die Regeln vorgesorgt[12]. Im Gegensatz zu den meisten Gesetzen ist das Regelwerk im Golf weitgehend lückenlos.

Vorgehen bei Regelunsicherheit. Sollten Sie sich in einer Situation wiederfinden, in welcher Sie über die korrekte Spielweise im Unklaren sind, so beraten Sie sich mit Ihren Mitspielern. Beachten Sie allerdings, dass Ihre Mitspieler und insbesondere Ihr Zähler *keine* Entscheidungsbefugnis besitzen. Wenn Sie sich auf die Regelauskunft eines Mitspielers verlassen und sich diese in der Folge als falsch erweist, sind allein Sie als Spieler verantwortlich. Lesen Sie notfalls auch im Regelbuch nach (wenn Sie „Golfregeln kompakt" dabei haben, so sollte Ihnen dieser Regelführer ermöglichen, die meisten Fragen rasch und sicher selbst zu beantworten, siehe S. 186f.). Sollten nach Konsultation der Mitspieler oder des Regelbuchs immer noch Zweifel über die richtige Spielweise bestehen, so können Sie einen zweiten Ball spielen[13]. Kündigen Sie dabei unbedingt an, welcher der beiden gespielten Bälle zählen soll, falls beide Varianten regelkonform sein sollten! Im Anschluss an die beendete Runde *müssen* Sie dann den Sachverhalt mit der Spielleitung abklären und können somit die richtige Schlagzahl in der Scorekarte eintragen[14].

Beispiel: Ihr Ball hat sich in der Nähe des Grüns eingebohrt. Nun wissen Sie zwar, dass Sie von Bällen, welche sich auf kurzgemähten Flächen eingebohrt haben, STRAFLOSE Erleichterung erhalten[15], doch können Sie im vorliegenden Fall nicht erkennen, ob es sich bei der betreffenden Fläche um eine solche „kurzgemähte" Fläche im Sinn der Regeln handelt. Kündigen Sie an, dass Sie zur Sicherheit zwei Bälle spielen werden, und dass der Ball unter Anwendung des Erleichterungsverfahrens zählen soll, falls dieses regelkonform ist.

1. Spielen Sie den ursprünglichen Ball, wie er liegt, indem Sie ihn so gut wie möglich aus seiner eingebohrten Lage heraushacken.
2. Nehmen Sie Erleichterung, indem Sie einen zweiten Ball STRAFLOS neben dem Einschlagloch fallen lassen und von dort spielen.

Spielen Sie beide Bälle bis ins Loch, und notieren Sie die beiden Schlagzahlen der zwei Varianten. Klären Sie den Sachverhalt im Anschluss an die Runde mit der Spielleitung ab.

Unredlichkeit. Spieler, die sich darauf einigen, eine bestimmte Regel nicht anzuwenden oder eine Strafe zu erlassen, werden DISQUALIFIZIERT[16].

Spieler, die unerlaubt versuchen, Lage oder Bewegung eines Balls zu beeinflussen, erhalten 2 STRAFSCHLÄGE oder werden in schwerwiegenden Fällen DISQUALIFIZIERT[17].

Das Spielen außerhalb der ordentlichen Spielreihenfolge ist erlaubt und drängt sich aus Gründen der Zeitersparnis manchmal sogar auf. Haben sich die Spieler allerdings zu Ihrem *taktischen Vorteil* über eine falsche Spielreihenfolge *abgesprochen,* so werden sie DISQUALIFIZIERT[18].

Schläger. Die Schläger müssen gewissen Spezifikationen, wie von den Golfregeln vorgegeben, entsprechen, sonst wird der Spieler DISQUALIFIZIERT[19]. Versuchen Sie deshalb besser nicht, an Ihren Golfschlägern selbst Veränderungen vorzunehmen.

Es dürfen höchstens 14 Schläger mitgeführt werden. Hat ein Spieler aus Versehen mehr dabei, so erhält er 2 STRAFSCHLÄGE für jedes Loch, an dem er zu viele Schläger dabei hatte, pro Runde jedoch insgesamt max. 4 STRAFSCHLÄGE[20].

Es ist nicht erlaubt, von einem anderen Spieler auf dem Platz einen Schläger zum Spielen auszuleihen[21].

Ball. Das Spielen eines nach den Regeln nicht zugelassenen Balls unterliegt der Strafe der DISQUALIFIKATION[22]. Beachten Sie bei Turnieren die Wettspielausschreibung, da diese weitergehende Vorschriften zu den Bällen enthalten kann[23].

Grundsätzlich muss mit dem Ball, mit welchem abgeschlagen wird, an dem betreffenden Loch auch eingelocht werden[24]; Bälle dürfen somit nur *zwischen* den Löchern ausgetauscht werden. Wird ein Ball jedoch während des Spielens eines Lochs *spielunbrauchbar* (tiefe Kerben oder sonstige schwere Beschädigungen – lediglich Kratzer oder Farbabschürfungen genügen nicht), so darf er STRAFLOS ersetzt werden. Vorher muss allerdings ein Mitspieler informiert werden, damit er das Verfahren überwachen und den Ball prüfen kann, andernfalls erhält der Spieler 1 STRAFSCHLAG[25].

Wichtige Grundregeln

Ball identifizieren. Falls Sie nicht erkennen können, ob es sich beim gefundenen Ball um den Ihren handelt, dürfen Sie seine Lage kennzeichnen und den Ball zwecks Identifizierung aufnehmen. Vorher müssen Sie jedoch Ihren Zähler oder einen Mitspieler darüber informieren und ihm Gelegenheit geben, das ganze Prozedere zu beobachten, sonst erhalten Sie 1 STRAFSCHLAG[26]. Ist der Ball verdreckt, so ist ein wenig Freikratzen, soweit zum Identifizieren nötig, erlaubt. Anschließend muss der Ball in genau dieselbe Lage zurückgelegt werden, d. h. die ursprüngliche Lage muss unter Umständen wieder hergestellt werden (z. B. Sand einebnen und Ball einbohren im Bunker).

Üben auf dem Platz. Am Tag eines *Zählspielturniers* ist das Üben auf dem Wettspielplatz *vor der Runde* nicht erlaubt. Findet ein Turnier über mehrere Runden an aufeinander folgenden Tagen statt, so ist auch *zwischen den Runden* das Üben auf dem Platz, der im weiteren Verlauf des Wettspiels noch gespielt werden muss, nicht gestattet. Selbst das Prüfen der Oberfläche eines Grüns, durch Probeputts, Rollen eines Balls oder Aufrauen und Aufkratzen des Grüns, ist vor der Runde bei Strafe der DISQUALIFIKATION verboten[27].

Während der Runde darf die Oberfläche eines Grüns ebenso wenig geprüft werden[28] und es darf auf dem Platz natürlich auch nicht geübt werden[29] – die Strafe beträgt dann aber 2 STRAFSCHLÄGE. (Ausnahme: Chippen und Putten ist zwischen dem Spielen von zwei Löchern am zuletzt gespielten Grün oder beim nächsten Abschlag erlaubt[30].)

NB: Ein *Probe-/Übungsschwung* ist kein Übungsschlag und darf immer ausgeführt werden, sofern dadurch keine Regel verletzt wird[31].

Belehrung. Im Golf ist jeder Spieler grundsätzlich auf sich allein gestellt. Spieler, welche während der Runde von Ihren Mitspielern oder außenstehenden Personen Belehrung in Form von Ratschlägen *erbitten* oder solche *erteilen,* erhalten 2 STRAFSCHLÄGE[32]. Das Erbitten und Erteilen von *allgemein zugänglichen Informationen* hingegen ist erlaubt; darunter fallen unter anderem Unterrichtung über die Regeln, Distanzen, die Lage von Hindernissen oder die Fahnenposition[33]. Wer Belehrung erhält, obwohl er nicht danach gefragt hatte, bleibt natürlich straflos.

Sollten Sie hingegen ein Teamwettspiel bestreiten, so dürfen Sie sich selbstverständlich mit Ihrem Teampartner jederzeit beraten. Dasselbe gilt für den Fall, dass Sie mit einem Caddie spielen, denn genau dazu ist Letzterer ja da[34].

Caddie. Beachten Sie, dass Sie als Spieler für alle Handlungen Ihres Caddies verantwortlich sind. Verstößt Ihr Caddie gegen eine Regel, so erhalten Sie als Spieler die Strafe dafür[35]. Zudem ist die Funktion des Caddies in erster Linie, dem Spieler die Schläger zu tragen und ihm *beratend* zur Seite zu stehen. Auf keinen Fall darf er den Spieler *während* eines Schlages *physisch* unterstützen, indem er ihn z. B. stützt, Äste für ihn zurückhält oder ihn vor den Elementen schützt[36].

Spielverzögerung und -unterbrechung. Spieler, welche unangemessen langsam spielen, erhalten 2 STRAFSCHLÄGE; im Wiederholungsfall können sie sogar DISQUALIFIZIERT werden[37]. Unerlaubte Spielunterbrechung[38] oder das Verlassen der zugeteilten Spielergruppe[39] werden ebenfalls mit der Strafe der DISQUALIFIKATION geahndet.

Haben die Spieler hingegen einen triftigen Grund, wie z. B. Krankheit, Unfall, Dunkelheit oder Blitzgefahr (strömender Regen als solcher ist kein triftiger Grund), so dürfen Sie das Spiel sehr wohl unterbrechen[40]. Beachten Sie insbesondere, dass Sie im Fall eines Gewitters mit Blitzschlag nicht auf einen Abbruch von offizieller Seite warten müssen, sondern selbstständig entscheiden können, wann die Situation für Sie als gefährlich erscheint.

Hat die Spielleitung das Spiel vorübergehend ausgesetzt, so *muss* das Spiel unterbrochen werden (ein angefangenes Loch darf noch zu Ende gespielt werden)[41]. Der Ball darf in diesem Fall markiert und aufgenommen werden[42].

Wichtige Grundregeln

Ball aufnehmen und hinlegen/fallen lassen. Während des Spielens eines Lochs, sollte der Ball bekanntlich bis zum Grün grundsätzlich nicht mehr berührt werden[43]. Deshalb empfiehlt es sich, jedes Mal, wenn ein Ball in Übereinstimmung mit den Regeln aufgenommen wird, um in irgendeiner Form Erleichterung in Anspruch zu nehmen oder ein sonstiges Verfahren anzuwenden, stets den Zähler oder einen anderen Mitspieler vorher zu informieren und ihm Gelegenheit zu geben, das Vorgehen zu beobachten.

Wenn ein Ball nach Anwendung eines Verfahrens wieder an seine ursprüngliche Stelle *zurückzulegen* ist, so muss seine Lage unbedingt markiert werden, bevor er aufgenommen wird[44]. Verwenden Sie dazu auf dem Grün vorzugsweise einen Ballmarker oder eine Münze und außerhalb des Grüns einen größeren Gegenstand, wie ein Tee oder eine Pitchgabel.

Wird hingegen ein Ball im Zuge eines Verfahrens *fallen gelassen,* so muss seine Lage nach den Regeln nicht vorgängig gekennzeichnet werden[45] – es empfiehlt sich aber gleichwohl. Ein Ball, welcher *fallen zu lassen* ist, darf immer gereinigt werden[46]. Fallen lassen heißt, einen Ball mit waagrecht ausgestrecktem Arm in Schulterhöhe fallen zu lassen[47].

Fallenlassen. Beim Fallenlassen muss der Spieler aufrecht stehen und den Ball mit ausgestrecktem Arm in Schulterhöhe fallen lassen. Sie dürfen dabei sehr wohl schauen, wo Sie Ihren Ball droppen und durchaus auch auf die schönste Stelle innerhalb des erlaubten Bereichs zielen.

Beim Fallenlassen muss sicher gestellt werden, dass der Ball an gewissen Stellen *nicht* zur Ruhe kommt. Tritt einer der nachfolgend genannten Fälle ein, so muss der Ball STRAFLOS erneut fallen gelassen werden[48].

Nicht in ein Hindernis	Nicht aus einem Hindernis heraus	Nicht auf ein Grün

Nicht ins Aus	Nicht zurück in die Behinderung nachdem straflose Erleichterung in Anspruch genommen wurde	Nicht weiter als 2 Schläger-längen

Nicht näher zum Loch	Nicht an den Spieler oder seine Ausrüstung

Acht Fälle dürfen nicht eintreten, wenn ein Ball fallen gelassen wird. Doch keine Sorge, Sie müssen nicht unbedingt alle acht Fälle auswendig lernen. Tritt einer der ersten fünf Fälle ein, so werden Sie in der Regel von selbst stutzig. Lediglich die letzten drei Fälle gilt es sich einzuprägen, da bei ihrem Eintreten der drohende Regelverstoß nicht ohne weiteres erkannt werden kann.

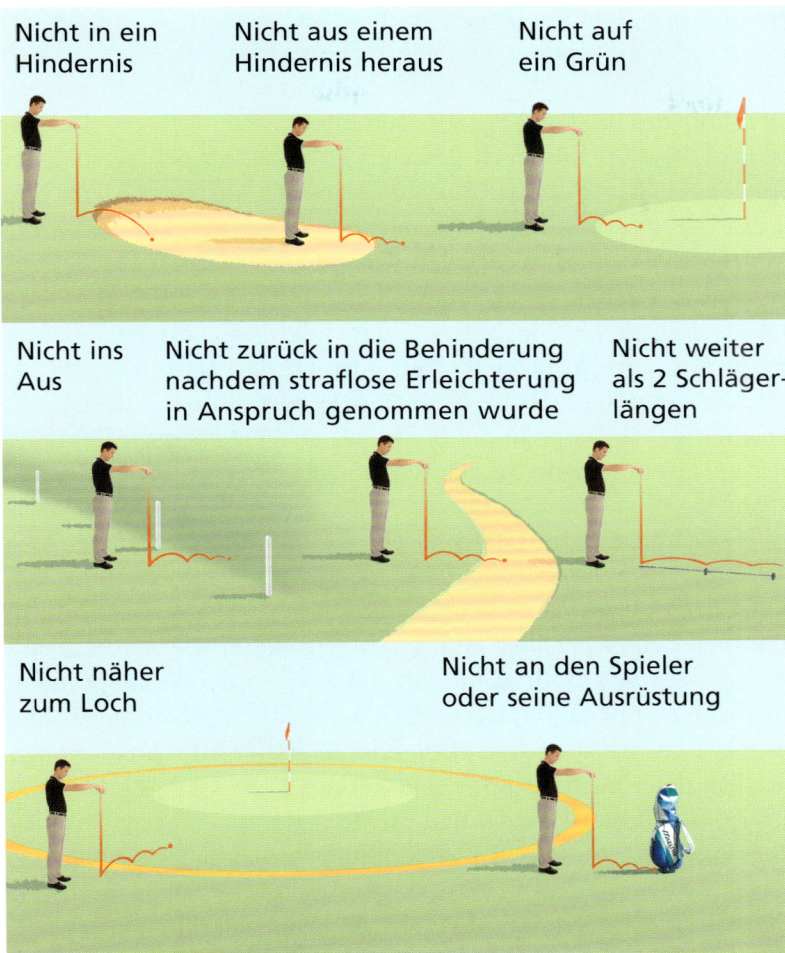

Tritt nach dem zweiten Fallenlassen wieder einer dieser Fälle ein, so muss der Ball an der Stelle, wo er beim zweiten Fallenlassen auf dem Platz auftraf, hingelegt werden[49].

Ausnahme: Wenn der Ball den Spieler oder seine Ausrüstung trifft, darf er auch nach dem zweiten Fallenlassen nicht hingelegt werden, sondern muss immer wieder erneut fallen gelassen werden[50].

Bleibt ein hingelegter Ball nicht liegen, so muss er erneut hingelegt werden. Bleibt er abermals nicht liegen, so ist er am nächsten Punkt, wo er liegen bleibt, nicht näher zum Loch, hinzulegen[51].

Um Missverständnisse und Verwechslungen zu vermeiden, empfiehlt es sich, jeden neuen Ball, der ins Spiel gebracht wird, mit Marke und Ziffer anzukündigen.

Spielen von falscher Stelle. Haben Sie einen Ball auf falsche Weise oder an falscher Stelle gedroppt bzw. hingelegt, jedoch *noch nicht gespielt,* so dürfen Sie den Ball STRAFLOS wieder aufnehmen und anschließend korrekt verfahren[52].

Wurde der Ball hingegen gespielt, so zählt der Schlag und der Spieler erhält 1 STRAFSCHLAG für Droppen auf falsche Art und Weise[53] bzw. 2 STRAFSCHLÄGE wegen Spielens von falschem Ort[54] (häufigstes Beispiel für Spielen von falschem Ort ist ein bewegter Ball, welcher fälschlicherweise nicht zurückgelegt wird). Spielt ein Spieler jedoch von einem solch falschen Ort, dass er dadurch einen *erheblichen* Vorteil oder Distanzgewinn erzielt, so wird er DISQUALIFIZIERT[55] (z. B. ein Spieler droppt seinen Ball, welcher im Aus liegt an der Stelle, wo er die Ausgrenze gekreuzt hat, anstatt zur Stelle des letzten Schlags zurückzugehen).

Spielen eines falschen Balls. Grundsätzlich muss mit demselben Ball, mit dem abgeschlagen wurde, auch eingelocht werden[56]. Wird der Ball im Laufe des Spielens eines Lochs verwechselt, so muss der Fehler behoben werden, indem der Spieler zurückgeht, seinen richtigen Ball sucht und das Loch mit diesem beendet. Die Schläge mit dem falschen Ball zählen nicht, doch der Fehler kostet 2 STRAFSCHLÄGE[57]. (Der falsche Ball sollte zurückgelegt werden, da er noch im Spiel sein könnte.)

Finden Sie Ihren richtigen Ball nicht wieder, so ist er im Sinn der Regel verloren: Sie müssen zu der Stelle zurückgehen, wo Sie den *letzten Schlag* mit Ihrem *richtigen* Ball gemacht haben und dort mit 1 WEITEREN STRAFSCHLAG einen neuen Ball fallen lassen[58].

Wenn Sie mit dem falschen Ball einlochen und den Fehler nicht unmittelbar darauf beheben, werden Sie DISQUALIFIZIERT[59].

Ball behindert oder unterstützt Spiel. Jeder Spieler darf seinen Ball aufnehmen, wenn er meint, der Ball könne das Spiel eines anderen Spielers unterstützen[60] (z. B. indem der Ball diesem als Zielpunkt oder als Stopper dient).

Gleichfalls darf er einen anderen Ball aufnehmen lassen, wenn er der Ansicht ist, der Ball könne sein eigenes Spiel behindern oder das Spiel eines dritten Spielers unterstützen[61].

Mehrfachberührung beim Schlag. Wenn Sie beim Schlag hängen bleiben und Ihren Ball mehr als einmal treffen, so müssen Sie diesem Schlag 1 STRAFSCHLAG hinzuzählen[62] (siehe auch S. 107).

Ruhender Ball bewegt. Die Golfregeln wollen, dass der Ball gespielt wird, wie er liegt bzw. wie er lag, als er zur Ruhe kam. Das heißt, wurde der *ruhende* Ball durch fremden Einfluss bewegt, so muss er an seine ursprüngliche Lage zurückgelegt werden[63].

- **Nicht zum Spiel Gehöriges**
  Wird der ruhende Ball durch etwas bewegt, das nicht zum Spiel gehört (z. B. Tiere, Spaziergänger, andere Spieler usw.), so ist der Ball STRAFLOS zurückzulegen[64]. Wurde der ruhende Ball sogar aufgehoben und mitgenommen, so dürfen Sie einen *neuen* Ball STRAFLOS an die ursprüngliche Stelle legen[65].

- **Anderer Ball**
  Wird der ruhende Ball durch einen anderen Ball getroffen und dadurch bewegt, so ist dieser andere Ball ebenfalls als nicht zum Spiel gehörig zu betrachten und der bewegte Ball ist STRAFLOS zurückzulegen[66].

- **Spieler oder Ausrüstung**
  Wird der ruhende Ball durch den Spieler selbst oder seine Ausrüstung aus Versehen bewegt, so muss er den Ball ebenfalls zurücklegen, erhält dafür jedoch in der Regel 1 STRAFSCHLAG[67].

- **Wind und Schwerkraft**
  Nicht als fremder Einfluss gilt Wind und Schwerkraft, d. h. wird der Ball vom Wind fortgeblasen oder bewegt er sich von selbst (ohne dass der Spieler ihn angesprochen hat), so gilt dies als Zufall und er muss STRAFLOS von seiner neuen Stelle gespielt werden, wie er liegt[68].

Bewegt   Nicht bewegt

Bewegter Ball. Ein Ball gilt als bewegt, wenn er seine Lage verändert. Bloßes Wackeln oder Wippen gelten nicht als Bewegung im Sinn der Regeln.

Ball in Bewegung abgelenkt oder aufgehalten. Wird ein Ball *in Bewegung* durch fremden Einfluss abgelenkt oder aufgehalten, so gilt dies als Spielzufall, und der Ball muss in der Regel gespielt werden, wie er liegt[69] (schließlich kann niemand sagen, wo der Ball ohne das Vorkommnis gelandet wäre).

- **Nicht zum Spiel Gehöriges**
  Wird ein Ball in Bewegung durch etwas abgelenkt oder aufgehalten, das nicht zum Spiel gehört (Zuschauer, Mitspieler usw.), so gilt dies als Spielzufall, ist STRAFLOS und der Ball muss in der Regel gespielt werden, wie er liegt[70]. (Ausnahme Grün: Hier ist der Schlag in der Regel STRAFLOS zu wiederholen[71].)

- **Anderer Ball**
  Trifft der Ball auf einen anderen Ball, so muss er in der Regel ebenfalls STRAFLOS gespielt werden, wie er liegt[72]. (Ausnahme Grün: Lagen beide Bälle vor dem Schlag auf dem Grün, so erhält der Spieler in der Regel 2 STRAFSCHLÄGE[73].)

- **Spieler oder Ausrüstung**
  Trifft der Ball den Spieler selbst oder seine Ausrüstung, so muss er den Ball mit 1 STRAFSCHLAG spielen, wie er liegt[74] (lassen Sie also nie Ihre Golftasche auf der Spiellinie stehen).

- **Wind und Wetter**
  Wird der Ball durch Wind oder Regen abgelenkt, so gilt dies als Spielzufall und der Ball muss ganz normal weitergespielt werden, wie er liegt[75].

- **Fahnenstange**
  Trifft der Ball die unbediente Fahnenstange im Loch, nachdem von außerhalb des Grüns gespielt wurde, so gilt dies als Spielzufall, ist STRAFLOS und der Ball muss weitergespielt werden, wie er liegt[76].
  Trifft der Ball hingegen die Fahne nachdem ein Schlag vom Grün aus gespielt wurde, so erhält der Spieler 2 STRAFSCHLÄGE[77].

NB: Anhand der genannten Fälle lässt sich deutlich erkennen, dass der Spieler nur in jenen Fällen Strafe erleidet, in denen er selbst schuld ist, d. h. er die Bewegung/Ablenkung des Balls mit etwas mehr Vorsicht hätte vermeiden können.

Ruhender Ball wird bewegt ...

	durch Spieler selbst oder Ausrüstung	Ball zurück-legen	in der Regel mit 1 Straf-schlag*
	durch nicht zum Spiel Gehöriges	Ball zurück-legen	straflos
	durch ande-ren Ball	Ball zurück-legen	straflos
	durch Wind oder von selbst	Ball spielen, wie er liegt	straflos

*Straflos beim Suchen in ungewöhnlich beschaffenem Boden (B.i.A., zeit-weiliges Wasser, gewisse Tierspuren), beim Entfernen von beweglichen Hemmnissen, und auf dem Grün beim Entfernen von losen Naturstoffen oder während des Markierens, Aufnehmens oder Zurücklegens.

Ruhender Ball bewegt.
Wurde ein Ball, welcher sich in Ruhe befand, bewegt, so muss er in der Regel an seine ursprüng-liche Lage zurückgelegt werden. Ist die Bewegung durch den Spieler selbst verursacht worden, so erhält er in der Regel 1 Straf-schlag.

Ball in Bewegung trifft auf ...

	den Spieler oder seine Ausrüstung	Ball spielen, wie er liegt	1 Straf-schlag
	etwas nicht zum Spiel Gehöriges	in der Regel Ball spielen, wie er liegt*	straflos
	einen an-deren Ball	Ball spielen, wie er liegt	in der Regel straflos, au-ßer Grün**
	Fahnen-stange	Ball spielen, wie er liegt	in der Regel straflos, au-ßer Grün**

*Auf dem Grün ist der Schlag straflos zu wiederholen, wenn das nicht zum Spiel Gehörige lebte oder sich bewegte, als der Ball es traf.
**2 Strafschläge, wenn der Ball einen anderen auf dem Grün ruhenden Ball oder die Fahne trifft, nachdem ein Schlag vom Grün aus gespielt wurde.

Ball in Bewegung abgelenkt.
Trifft der Ball im Flug bzw. während des Ausrollens auf irgendetwas und wird dadurch abgelenkt oder aufgehalten, so muss er in der Regel weiterge-spielt werden wie er liegt. Hat der Ball den Spieler selbst ge-troffen oder ist die Kollision dessen Nachlässigkeit zuzu-schreiben, so erhält er Strafe.

77

Provisorischer Ball. Wenn Sie befürchten, dass Ihr Ball verloren sein könnte (im Aus gelandet oder nicht wieder auffindbar), dann sollten Sie zur Zeitersparnis unbedingt einen provisorischen Ball spielen[78]. Ist nämlich ein Ball verloren, muss der Spieler in aller Regel noch einmal von der Stelle des letzten Schlags spielen[79]. Wenn dies von vornherein absehbar ist, so ermöglicht das Spielen eines zweiten, so genannten provisorischen Balls dem Spieler, sich diesen Weg zu ersparen – sollte der ursprüngliche Ball tatsächlich verloren sein. Die Möglichkeit, einen provisorischen Ball zu spielen, haben Sie immer, es sei denn, Ihr Ball wäre in einem Wasserhindernis gelandet[80] (dann müssen Sie nach der Wasserhindernisregel verfahren, siehe S. 122ff.). Seien Sie nicht übermäßig optimistisch, sondern spielen Sie lieber einen provisorischen Ball zu viel, als zu riskieren, hernach den ganzen Weg zurückgehen zu müssen.

Beschließen Sie, einen provisorischen Ball zu spielen, so muss dies erfolgen, *bevor* Sie fortschreiten und sich daran machen, den ursprünglichen Ball zu suchen. Haben Sie bereits eine Weile gesucht und kehren erst dann zurück, um einen vermeintlich provisorischen Ball zu spielen, so ist dies kein provisorischer Ball, sondern ein neuer Ball im Spiel – mit 1 STRAFSCHLAG[81].

Kündigen Sie den provisorischen Ball laut und deutlich als „provisorisch" an, nennen Sie Marke und Ziffer, und lassen Sie ihn möglichst nahe der Stelle, wo der letzte Schlag erfolgt ist, fallen. Auf dem Abschlag darf erneut aufgeteet werden[82]. Falls Sie diesen zweiten Ball nicht ausdrücklich als „provisorisch" ankündigen, so wird er ebenfalls mit 1 STRAFSCHLAG zum neuen Ball im Spiel[83].

Falls auch der provisorische Ball verloren sein könnte, so kann ein weiterer provisorischer Ball gespielt werden[84].

Ihren provisorischen Ball spielen Sie dann, bis Sie den Ort erreichen, an dem sich Ihr ursprünglicher Ball mutmaßlich befindet[85].

- **Ursprünglicher Ball gefunden**
  Finden Sie Ihren ursprünglichen Ball innerhalb von 5 Minuten und liegt er nicht im Aus, so *müssen* Sie mit diesem Ball weiterspielen[86]. Dies gilt selbst dann, wenn der ursprüngliche Ball sehr schlecht oder geradezu in unspielbarer Lage liegen sollte. Der provisorische Ball muss aufgenommen werden; die Schläge mit dem provisorischen Ball zählen nicht und es gibt für das Spielen des provisorischen Balls auch KEINE STRAFSCHLÄGE[87].

- **Ursprünglicher Ball verloren**

  Liegt Ihr ursprünglicher Ball tatsächlich im Aus oder ist er unauffindbar, so wird der provisorische Ball zum Ball im Spiel und zwar mit 1 STRAFSCHLAG[88], d. h. alle erfolgten Schläge zählen – jene mit dem ursprünglichen Ball wie auch jene mit dem provisorischen Ball – plus 1 STRAFSCHLAG.

- **Spezialfall**

  Der provisorische Ball wird automatisch ebenfalls mit 1 STRAFSCHLAG zum Ball im Spiel, sobald er von einer Stelle geschlagen wird, welche näher beim Loch liegt, als der vermutete ursprüngliche Ball[89].

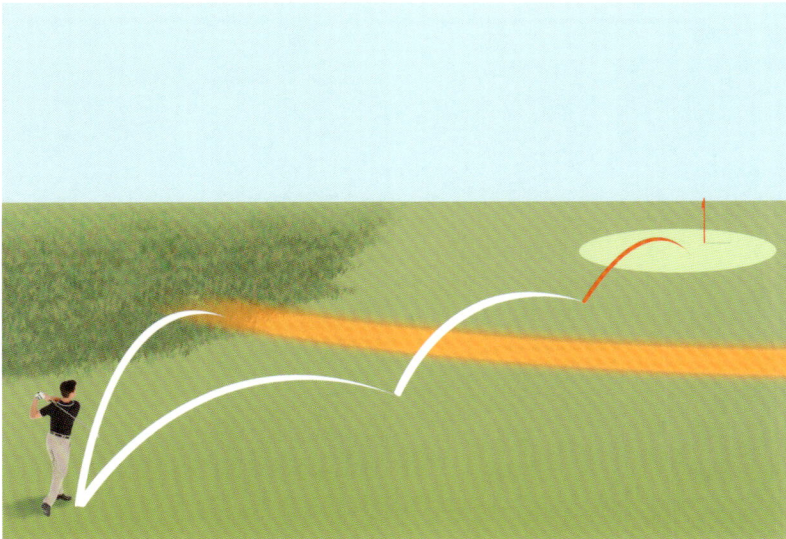

Provisorischer Ball. Sie dürfen Ihren provisorischen Ball spielen, bis Sie die Stelle erreichen, wo Sie Ihren ursprünglichen Ball vermuten. Ihr provisorischer Ball darf auch über diese Stelle hinausfliegen, jedoch dürfen Sie jenseits davon keinen Schlag mehr machen, wenn der Ball provisorisch bleiben soll. Wenn Sie einen solchen Schlag ausführen, bevor Sie den ursprünglichen Ball gefunden haben, so wird der provisorische Ball automatisch mit 1 Strafschlag zum neuen Ball im Spiel.

NB: Der Spieler hat nie die Wahl zwischen zwei Bällen auf dem Platz. Findet er seinen ursprünglichen Ball (innerhalb von 5 Minuten und auf dem Platz), so *muss* er mit ihm weiterspielen. Wenn der provisorische Ball sehr gut liegt und der ursprüngliche Ball an einem unzugänglichen Ort vermutet wird, empfiehlt es sich daher, gar nicht erst zu suchen und sogleich mit dem provisorischen Ball fortzufahren.

Von der Stelle des letzten Schlags spielen (Schlag- und Distanzverlust). Eine Möglichkeit, welche dem Spieler *immer* zusteht, ist es, mit 1 STRAFSCHLAG an der Stelle des letzten Schlags einen neuen Ball fallen zu lassen (am Abschlag aufteen)[90].

Provisorischer Ball. Das Verfahren des provisorischen Balls wirkt auf den ersten Blick etwas kompliziert. Anhand des nebenstehenden Flussdiagramms können Sie sich einen vollständigen Überblick verschaffen.

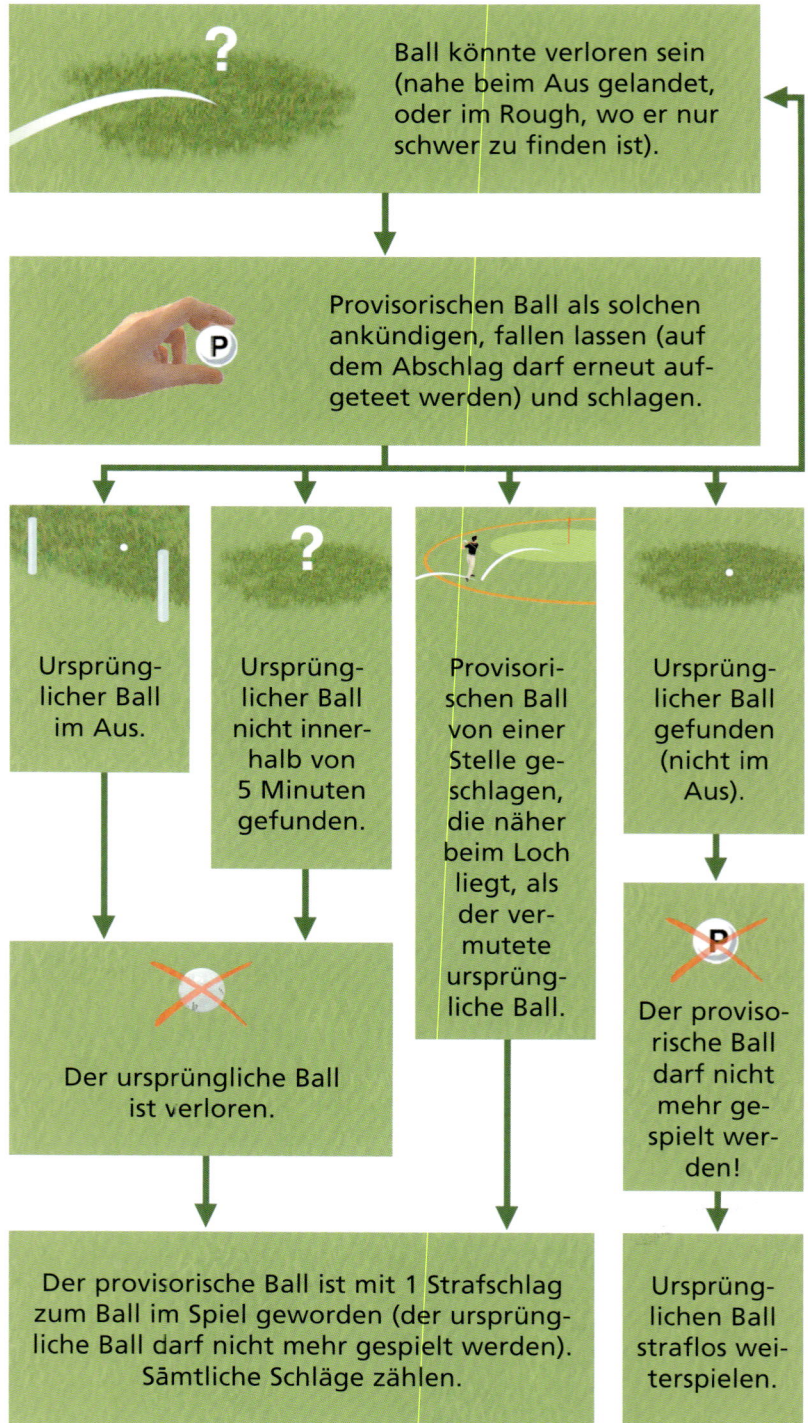

Ball könnte verloren sein (nahe beim Aus gelandet, oder im Rough, wo er nur schwer zu finden ist).

Provisorischen Ball als solchen ankündigen, fallen lassen (auf dem Abschlag darf erneut aufgeteet werden) und schlagen.

Ursprünglicher Ball im Aus.

Ursprünglicher Ball nicht innerhalb von 5 Minuten gefunden.

Provisorischen Ball von einer Stelle geschlagen, die näher beim Loch liegt, als der vermutete ursprüngliche Ball.

Ursprünglicher Ball gefunden (nicht im Aus).

Der ursprüngliche Ball ist verloren.

Der provisorische Ball darf nicht mehr gespielt werden!

Der provisorische Ball ist mit 1 Strafschlag zum Ball im Spiel geworden (der ursprüngliche Ball darf nicht mehr gespielt werden). Sämtliche Schläge zählen.

Ursprünglichen Ball straflos weiterspielen.

1 Regel 18-2.a.
2 Regel 13-1. i.V.m. Regel 18-1.
3 Regel 13.
4 Regel 13-2.
5 Regel 13-1.
6 Regel 27-1.
7 Regel 25-3.
8 Anmerkung 2 zu Erklärung „Boden in Ausbesserung" und Anmerkung 2 zu Erklärung „Wasserhindernis".
9 Regel 28.
10 Regel 26.
11 Decision 1-4/1.
12 Regel 1-4.
13 Regel 3-3.a.
14 Regel 3-3.b.
15 Regel 25-2.
16 Regel 1-3.
17 Regel 1-2.
18 Regel 10-2.c.
19 Regel 4-1. bis 3.
20 Regel 4-4.
21 Regel 4-4.a.
22 Regel 5-1.
23 Anmerkung zu Regel 5-1.
24 Regel 1-1. i.V.m. Regel 15-1.
25 Regel 5-3.
26 Regel 12-2.
27 Regel 7-1.b.
28 Regel 16-1.d.
29 Regel 7-2.
30 Ebenda.
31 Anmerkung 1 zu Regel 7.
32 Regel 8-1.
33 Erklärung „Belehrung".
34 Regel 8-1.b.
35 Regel 6-1.
36 Regel 14-2.a.
37 Regel 6-7.
38 Regel 6-8.a.
39 Regel 6-3.b.
40 Regel 6-8.a.
41 Regel 6-8.b.
42 Regel 6-8.c.
43 Regel 18-2.a.
44 Regel 20-1.
45 Umkehrschluss aus Regel 20-1.
46 Regel 21.
47 Regel 20-2.a.

48 Regel 20-2.c.
49 Ebenda.
50 Regel 20-2.a.
51 Regel 20-3.d.
52 Regel 20-6.
53 Regel 20-2.a.
54 Regel 20-7.c.
55 Ebenda i.V.m. Anmerkung 1 zu Regel 20-7.c.
56 Regel 15-1.
57 Regel 15-3.b.
58 Regel 27-1.
59 Regel 15-3.b.
60 Regel 22-1.a.
61 Regel 22-1.b. und 2.
62 Regel 14-4.
63 Regel 18-1.
64 Ebenda.
65 Anmerkung 1 zu Regel 18.
66 Regel 18-5.
67 Regel 18-2.
68 Erklärung „Nicht zum Spiel gehörig" i.V.m. Regel 13-1.
69 Regel 19-1.
70 Ebenda.
71 Regel 19-1.b.
72 Regel 19-5.
73 Ebenda.
74 Regel 19-2.b.
75 Erklärung „Nicht zum Spiel gehörig" i.V.m. Regel 13-1.
76 Umkehrschluss aus Regel 17-3.c. i.V.m. Regel 13-1.
77 Regel 17-3.
78 Regel 27-2.a.
79 Regel 27-1.
80 Regel 27-2.a.
81 Ebenda.
82 Regel 27-2.a. i.V.m. Regel 27-1. und Regel 20-5.
83 Regel 27-2.a.
84 Anmerkung zu Regel 27-2.a.
85 Regel 27-2.b.
86 Regel 27-2.c.
87 Anmerkung zu Regel 27-2.c.
88 Regel 27-2.b.
89 Ebenda.
90 Decision 27/17.

5. Am Abschlag

Pünktlichkeit. Sie sollten sich 10 Minuten vor Ihrer Startzeit am 1. Abschlag einfinden und dort beim Starter melden (Starter wird jene Person genannt, welche überwacht, dass die richtigen Spieler zur richtigen Zeit abschlagen). Wenn Sie nach Ihrer Startzeit erscheinen, werden Sie in der Regel DISQUALIFIZIERT[1]. Es ist darauf zu achten, dass pünktlich abgeschlagen wird.

Schonung. Bitte stellen Sie Ihre Golftasche oder Ihren Golfwagen nie auf den Abschlag, sondern zur Schonung daneben.

Schlägerzahl. Kontrollieren Sie, dass Sie *höchstens 14 Schläger* mitführen. Wenn Sie zu viele dabei haben, müssen Sie die überzähligen Schläger *vor Beginn* der Runde aus dem Bag entfernen[2]. Notfalls müssen Sie sie sogar am Abschlag stehen lassen.
Bemerken Sie die überzähligen Schläger erst *nach Beginn* der Runde, so müssen Sie sie unverzüglich für neutralisiert erklären und dürfen sie in der Folge nicht mehr verwenden – andernfalls werden Sie DISQUALIFIZIERT[3].
Pro Loch an dem Sie zu viele Schläger dabei hatten, erhalten Sie 2 STRAFSCHLÄGE, jedoch max. 4 STRAFSCHLÄGE pro Runde[4].

Mitspieler. Es ist selbstverständlich, dass man seine Mitspieler und etwaige Caddies begrüßt und sich gegenseitig vorstellt. Sie müssen während der ganzen Runde in der eingeteilten Gruppe bleiben, andernfalls werden Sie DISQUALIFIZIERT[5].

Begleitung. Falls Sie eine Begleitperson (die nicht die Funktion eines Caddies übernimmt) mit auf die Runde nehmen möchten, so sollten Sie sich bei Ihren Mitspielern vorher erkundigen, ob diese damit einverstanden sind. Die Begleitperson ist unbedingt mit den elementaren Vorschriften der Etikette vertraut zu machen.

Platzregeln. Vergewissern Sie sich, dass Sie und auch Ihre Mitspieler mit etwaigen außerordentlichen Regelungen (Platzregeln/temporäre Regeln) vertraut sind.

Scorekarte. Kontrollieren Sie im Fall eines Turniers nochmals Ihre Scorekarte, und tauschen Sie sie sodann mit einem Mitspieler (Ihrem Zähler) aus. Achten Sie darauf, dass Sie nun Ihren eigenen Score in der Zählerkolonne der fremden Karte eintragen.

Falls Sie am 10. Abschlag starten, achten Sie darauf, dass Sie die Resultate auf der Scorekarte auch bei Loch 10 eintragen.

Scorekarte. Tauschen Sie im Fall eines Turniers die Scorekarte mit einem Mitspieler aus und achten Sie in der Folge darauf, dass Sie die Schlagzahlen in der Spieler- und Zählerkolonne am richtigen Ort eintragen.

Spieler			Josef Müller					Hcp		19.8/24		

Spiel			Monatsbecher Stableford/Weiße Tees					Datum		17.07.08		

Zähler	Loch	Herren Champion	Herren Normal	Damen Champion	Damen Normal	Hcp	Par	Spieler			+ 0 -
	1	380	345	335	315	7	4				
	2	370	350	315	295	9	4				
	3	490	475	445	420	15	5				
	4	175	160	155	140	11	3				
	5	325	275	270	235	17	4				
	6	560	520	495	460	3	5				

Spielfolge und Ehre. Die Spielfolge am *ersten* Abschlag ergibt sich aus der Aufstellung (Startliste). Ist keine Aufstellung gegeben, so wird gelost[6]. In freundschaftlichen Runden außerhalb von Wettspielen hat sich der Brauch eingebürgert, nach Hcp zu starten, wobei dem Spieler mit dem niedrigsten Hcp der Vorrang gebührt. Der Spieler, welcher als Erster vom Abschlag zu spielen berechtigt ist, hat – wie man sagt – die Ehre.

An allen *weiteren* Abschlägen hat jeweils die Ehre, wer am vorhergehenden Loch das beste Resultat erzielt hat. Haben zwei Spieler dasselbe Ergebnis erzielt, so richtet sich ihre Reihenfolge nach der Reihenfolge vom vorhergehenden Abschlag[7].

Ist jedoch eine Partie aus Spielern zusammengesetzt, die nicht von denselben Abschlägen spielen (z. B. Damen und Herren), so wird das Vorgenannte relativiert, denn es schlägt aus Gründen der Zeitersparnis normalerweise immer derjenige Spieler als Erster ab, der von weiter hinten spielt. Der Grundsatz „ladies first" kommt im Golf somit nicht zur Anwendung.

Setzen Sie Ihren Ball nie auf, bevor der Spieler, dem vor Ihnen die Ehre gebührt, abgeschlagen hat. Haben Sie Ihren Ball zu früh aufgeteet, so ist es ein Gebot der Höflichkeit, ihn wieder zu entfernen, selbst wenn er den abschlagenden Spieler angeblich nicht stört.

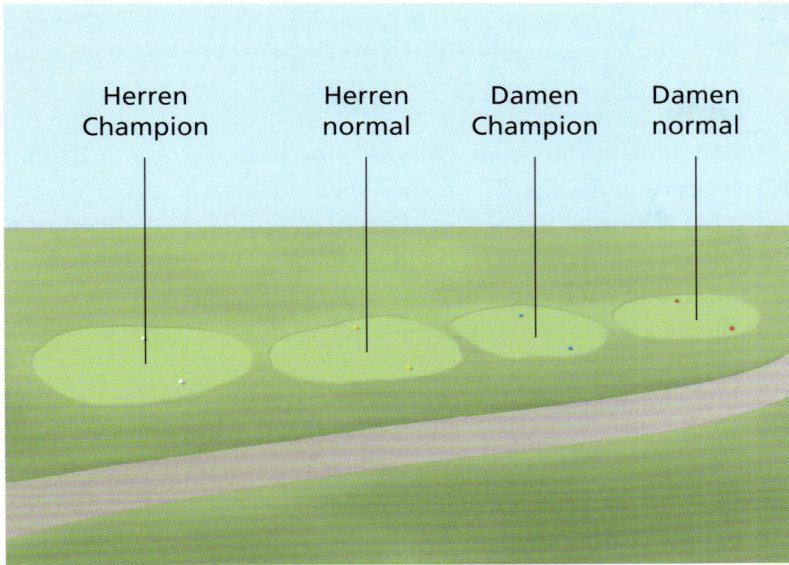

Herren Champion · Herren normal · Damen Champion · Damen normal

Schlägt ein Spieler ab, obwohl er nicht an der Reihe gewesen wäre, so ist dies ein Verstoß gegen die Etikette – der Schlag zählt jedoch gleichwohl und das Ganze ist STRAFLOS[8]. Haben sich die Spieler allerdings über die falsche Reihenfolge abgesprochen, um einem von ihnen einen taktischen Vorteil zu gewähren, so werden sie DISQUALIFIZIERT[9].

Schönes Spiel. Es ist üblich, sich gegenseitig „schönes Spiel" zu wünschen, bevor der erste Spieler abschlägt.

Belehrung und Spiellinie. Über die Gesamtlänge des Lochs und andere Distanzen, die Lage von Hindernissen oder Ausgrenzen, die Regeln und andere *allgemein zugängliche Informationen* dürfen Sie jederzeit sprechen[10]. *Nicht erlaubt* ist es hingegen um *Rat* zu *fragen* oder solchen zu *erteilen,* ansonsten erhalten Sie 2 STRAF-SCHLÄGE[11]. (Nicht erlaubt sind somit beispielsweise folgende Fragen und Tipps: „Welchen Schläger hast du genommen?", „Welchen Schläger soll ich spielen?", „An deiner Stelle würde ich ein Eisen 7 schlagen.", „Hol nicht so weit aus.")
Wenn Sie die Fahne vom Abschlag aus nicht sehen können, so dürfen Sie sich den Verlauf des Lochs und die Richtung zum Grün von einem Mitspieler angeben lassen. Doch Vorsicht: Tipps über die beste Spielweise, Taktik oder eine etwaige Ideallinie wären wiederum Belehrung[12].

Bereitschaft. Achten Sie darauf, dass Sie bereit sind (Schläger, Tee, Ball und Ersatzball bereithalten) und Bescheid wissen, wann Sie an der Reihe sind.

Chippen und Putten zum Zeitvertreib. Falls Sie am Abschlag warten müssen, da die Partie vor Ihnen noch nicht außer Reichweite ist, so dürfen Sie hier etwas putten und chippen üben, um die Zeit totzuschlagen[13]. (Beachten Sie, dass dies eine Ausnahme ist und Übungsschläge nur sehr beschränkt und nur zwischen dem Spielen von zwei Löchern erlaubt sind.)

Abschlagsfläche. Die Abschlagsfläche erstreckt sich von den beiden Markierungen 2 Schlägerlängen nach hinten[14]. Der *Ball* muss *innerhalb* dieser rechteckigen Fläche aufgesetzt werden, der Spieler selbst darf hingegen auch außerhalb stehen[15]. Ein Ball ist außerhalb des Abschlags, wenn er vollständig außerhalb ist[16].

Abschlagsfläche. Der Ball muss innerhalb der Abschlagsfläche aufgeteet werden – der Spieler selbst hingegen darf seinen Stand auch außerhalb einnehmen. Sollte ein Mitspieler seinen Ball zu weit vorne aufgeteet haben, so sollten Sie ihn darauf hinweisen – sinnvollerweise vor dem Schlag. Dies ist ein Gebot der Fairness und gilt nicht als Belehrung.

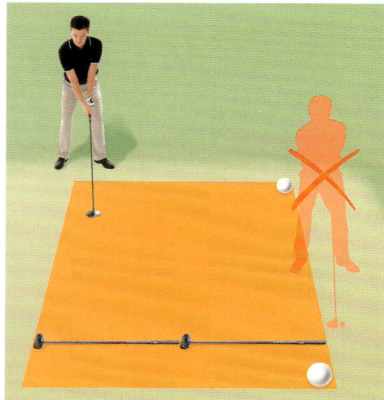

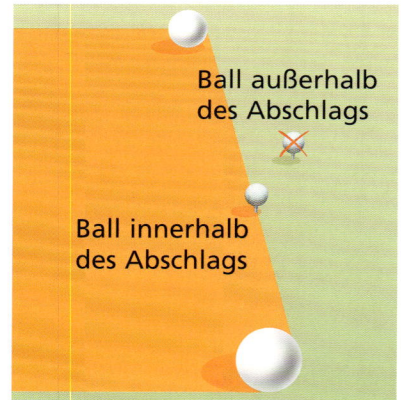

Ball außerhalb des Abschlags

Ball innerhalb des Abschlags

Die Abschlagsmarkierungen gelten *vor einem ersten Schlag* als feste Einrichtungen und dürfen nicht bewegt oder verschoben werden – andernfalls erhalten Sie 2 STRAFSCHLÄGE[17]. Nach dem Schlag gelten sie hingegen als bewegliche Hemmnisse und dürfen STRAFLOS entfernt werden[18]. (Sollte Ihr Schlag z. B. derart verunglückt sein, dass der Ball hinter einer Abschlagsmarkierung zur Ruhe gekommen ist, so dürfen Sie diese nun STRAFLOS entfernen und den Ball spielen, wie er liegt.)

Schlägt ein Spieler seinen Ball von außerhalb der Abschlagsfläche ab, so zählt dieser Schlag nicht und er hat sich 2 STRAFSCHLÄGE zuzurechnen. Der Spieler muss seinen Fehler beheben, indem er von innerhalb der Abschlagsfläche erneut abschlägt (3. Schlag)[19].

Falls er dies nicht tut und mit dem ursprünglichen Ball weiterspielt, droht DISQUALIFIKATION[20]. (Dasselbe gilt für das Spielen von einem *falschen* Abschlag[21] – selbst wenn dieser weiter hinten gelegen ist und der Spieler somit gar keinen Vorteil dadurch hat.)

Ball ansagen und aufteen. Teilen Sie Ihren Mitspielern laut und deutlich mit, welche Marke und Ziffer Ihr Ball trägt. Sollten zwei Spieler den gleichen Ball spielen wollen, so ist es ratsam, einen Ball auszutauschen. Besonders empfehlenswert ist es, den eigenen Ball durch ein persönliches Zeichen mit wasserfestem Filzstift unverwechselbar zu machen – so kann er später zweifelsfrei als der eigene identifiziert werden.

Ball beschriften und aufteen.
Es empfiehlt sich den Ball mit einem wasserfesten Filzstift zu kennzeichnen
Zudem ist es am einfachsten, das Tee in einem Handgriff, gleich zusammen mit dem Ball in den Boden einzustecken, anstatt erst das Tee einzustecken und anschließend zu versuchen, den Ball darauf zu legen.

Erleichterung. Am Abschlag stehen Ihnen optimale Ausgangsbedingungen zu, deshalb dürfen Sie hier den Ball aufteen[22], Bodenunebenheiten niederdrücken[23] und sogar Gräser ausreißen[24]. Sämtliche störenden Gegenstände, sowohl natürliche als auch künstliche (ausgenommen die Abschlagsmarkierungen), wie z. B. herumliegende Blätter, Gras, Tees, Zigarettenstummel usw. dürfen straflos entfernt werden[25].

Probeschwung. Bitte vermeiden Sie Übungsschwünge auf dem Abschlag und führen Sie diese nötigenfalls daneben aus. Der Abschlag ist eine eng begrenzte Fläche und bedarf besonderer Schonung. Machen Sie bitte keine Übungsschwünge in Richtung der vorausgehenden Partie, solange diese noch nicht außer Reichweite ist – die Spieler vor Ihnen können auf die Entfernung nicht erkennen, ob Sie bereits einen Ball schlagen oder bloß übungshalber schwingen und könnten sich verunsichert fühlen.

Konzentration und Rücksichtnahme. Verhalten Sie sich vollkommen ruhig, wenn sich andere Spieler in Ansprechposition befinden oder einen Schlag ausführen (insbesondere kein Hantieren oder Suchen in Golf- oder Hosentasche). Achten Sie auch darauf, dass Ihr Schatten den abschlagenden Spieler nicht stört. Aus Höflichkeit und Sicherheitsgründen steht man am Abschlag dem Spieler nach Möglichkeit stets gegenüber.

Ruhe bitte. Während der Konzentrationsphase eines Spielers sollte man ihm stumm und still gegenüber stehen. Jedes Rascheln und Klimpern wird als störend empfunden.

Ball fällt vom Tee. Wird der Ball *vor einem ersten Schlag* aus Versehen vom Tee gestupst, d. h. der Ball fällt vom Tee, solange er noch nicht im Spiel ist (z. B. beim Ansprechen oder durch

Ball vom Tee gestupst. Keine Aufregung: Der Ball darf wieder aufgeteet werden und das Ganze ist straflos.

einen unglücklichen Probeschwung), so ist das STRAFLOS und der Ball darf erneut aufgeteet werden[26]. (Dieses Missgeschick zählt auch nicht etwa als Schlag, wie viele Golfer aus Jux immer wieder behaupten.)

Luftschlag. Wenn Sie einen Luftschlag machen, aber den Ball eigentlich treffen wollten, so zählt dieser Schlag gleichwohl und der Ball ist im Spiel[27] (d. h. er darf nun nicht mehr berührt werden).

Ball sichten. Schauen Sie dem geschlagenen Ball (auch dem eines Mitspielers) nach, bis er zum *Stillstand* kommt. Merken Sie sich Bäume, Sträucher, Pfähle o. Ä., welche nahe beim Ball stehen, damit Sie ihn auf Anhieb finden können.

Tipp: Die einfachste Methode, um auf der Runde bis zu einer halben Stunde und fünf Schläge zu sparen, ist es, dem Ball konsequent nachzuschauen. Orientieren Sie sich anhand markanter Punkte und zählen Sie Bäume immer ab, damit Sie wissen, bei welchem Baum Sie suchen müssen. Erfahrungsgemäß sieht die Landschaft ganz anders aus, wenn man einmal vorne angelangt ist.

Abschlag freigeben. Geben Sie den Abschlag sofort frei und suchen Sie nicht noch lange nach Ihrem Tee, wenn dieses weggeflogen ist. Bitte werfen Sie abgebrochene Tees in die dafür vorgesehenen Behälter. Auf keinen Fall sind Tees im Abschlag zu versenken, d. h. mit dem Schläger vollends in den Boden zu rammen.

Divots. Auf dem Abschlag werden herausgeschlagene Rasenstücke nicht wieder eingesetzt (evtl. sind die Löcher mit bereitstehendem Sand, welcher mit Grassamen gemischt ist, aufzufüllen).

Verlorener Ball. Wissen Sie mit *Sicherheit,* dass Ihr Ball im Aus gelandet ist, so ist der Ball verloren. Warten Sie, bis alle Spieler vom betreffenden Abschlag gespielt haben, und bringen Sie dann mit 1 STRAFSCHLAG einen neuen Ball ins Spiel, indem Sie den neuen Ball wieder mit Marke und Ziffer ankündigen, irgendwo innerhalb des Abschlags aufteen und abschlagen (3. Schlag)[28].

Provisorischer Ball. *Vermuten* Sie lediglich, dass Ihr Ball im Aus gelandet oder unauffindbar sein könnte, so spielen Sie einen provisorischen Ball, nachdem alle Spieler vom betreffenden Abschlag gespielt haben. Kündigen Sie diesen laut und deutlich als „provisorisch" an, und nennen Sie wieder Marke und Ziffer (sinnvollerweise nehmen Sie einen anderen Ball als beim ersten Schlag). Sie dürfen dabei erneut aufteen[29]. Spielen Sie diesen Ball anschließend, bis Sie die Stelle erreichen, wo der ursprüngliche Ball ungefähr liegen sollte[30].

Wenn Sie Ihren zweiten Ball nicht ausdrücklich als „provisorisch" ankündigen, wird er mit 1 STRAFSCHLAG automatisch zum neuen Ball im Spiel. Der ursprüngliche Ball ist in diesem Fall „verloren" und darf unter keinen Umständen mehr gespielt werden[31]. Dasselbe gilt, wenn Sie bereits eine Weile gesucht haben und erst dann zum Abschlag zurückkehren, denn ein provisorischer Ball gilt nur dann als provisorisch, wenn er gespielt wurde, *bevor* der Spieler voranschreitet, um nach dem ersten Ball zu suchen[32].

NB: Das *Verfahren,* einen provisorischen Ball zu spielen ist STRAFLOS. Es bleibt auch STRAFLOS, wenn der ursprüngliche Ball gefunden und weitergespielt wird[33]. Wird der provisorische Ball hingegen zum Ball im Spiel, so kostet dies natürlich 1 STRAFSCHLAG und alle Schläge zählen[34] – sowohl jene mit dem ursprünglichen, wie auch jene, welche mit dem provisorischen Ball gemacht wurden.

Ball landet im Wasserhindernis. Ist Ihr Ball in einem Wasserhindernis gelandet, so dürfen Sie *keinen provisorischen* Ball spielen[35]. Dies wäre auch völlig unnütz, denn Sie können nach der wesentlich vorteilhafteren Wasserhindernisregel vorgehen (siehe S. 122ff.).

Ball landet auf einem anderen Abschlag. Landet Ihr Ball auf einem anderen Abschlag (z. B. auf einem weiter vorne gelegenen Abschlag), so müssen Sie den Ball von dort einfach weiterspielen, wie er liegt[36]. Dabei gelten die Abschlagsmarkierungen nun als bewegliche Hemmnisse und dürfen STRAFLOS entfernt werden[37].

NB: Kommt ein Spieler mit seinem Abschlag nicht über den Damenabschlag hinaus, so hat er – wie man sagt – eine „Lady" geschlagen. Es ist Brauch, im Anschluss an die Spielrunde, den Mitspielern dafür eine Runde Getränke auszugeben.

Ball landet auf einem falschen Fairway. Landet Ihr Ball auf der Nachbarbahn, so ist dies im Sinn der Regeln ebenfalls nicht weiter tragisch, da alle Fairways zum „Gelände" gehören. Spielen Sie Ihren Ball, wie er liegt[38], doch achten Sie darauf, dass Sie dabei die Spieler auf jenem Fairway nicht behindern – Sie haben kein Vorrecht auf fremden Fairways. (Achtung: Manchmal sind angrenzende Fairways jedoch als Aus bezeichnet, dann müssten Sie mit 1 STRAFSCHLAG erneut abschlagen[39]. Achten Sie auf entsprechende Markierungspfosten.)

Ball landet auf einem falschen Grün. Selbst wenn Ihr Ball auf einem falschen Grün landet, ist dies kein Grund erneut abzuschlagen: Das falsche Grün gehört ebenfalls zum „Gelände" und Sie erhalten STRAFLOSE Erleichterung[40] (siehe S. 103).

---

1 Regel 6-3.a.
2 Regel 4-4.a.
3 Regel 4-4.c.
4 Regel 4-4.
5 Regel 6-3.b.
6 Regel 10-2.a.
7 Ebenda.
8 Regel 10-2.c.
9 Ebenda.
10 Erklärung „Belehrung".
11 Regel 8-1.
12 Erklärung „Belehrung".
13 Regel 7-2.
14 Erklärung „Abschlag".
15 Regel 11-1.
16 Erklärung „Abschlag".
17 Regel 11-2.
18 Regel 11-2. i.V.m. Regel 24-1.
19 Regel 11-4.b.
20 Ebenda.
21 Regel 11-5.
22 Regel 11-1.
23 Regel 13-2.
24 Decision 13-2/3.
25 Regel 23 und Regel 24.
26 Regel 11-3.
27 Erklärung „Schlag" i.V.m. Regel 11-3.
28 Regel 27-1. i.V.m. Regel 20-5.
29 Rule 27-2.a. i.V.m. Regel 27-1. und Regel 20-5.
30 Regel 27-2.b.
31 Regel 27-2.a.
32 Ebenda.
33 Regel 27-2.c.
34 Regel 27-2.b.
35 Regel 27-2.a. i.V.m. Ausnahme 1 zu Regel 27-1.
36 Regel 13-1.
37 Regel 24-1. i.V.m. Regel 11-2.
38 Regel 13-1.
39 Regel 27-1. i.V.m Regel 20-5.
40 Regel 25-3.

6. Im Gelände

Definition. Der Begriff „Gelände" umfasst den größten Teil des Golfplatzes. Namentlich ist es die gesamte Fläche des Platzes ohne Abschlag und ohne Grün des zu spielenden Lochs, ohne sämtliche Hindernisse und ohne Aus[1]. Oder anders gesagt: Das Gelände umfasst jedes Fairway, Semirough, Rough und Vorgrün sowie alle anderen Abschläge und *fremden* Grüns. (Falls Sie sich anderswo befinden – Abschlag, Bunker, Wasserhindernis, Aus, Grün – so schlagen Sie bitte im entsprechenden Kapitel nach.)

Das Gelände umfasst den größten Teil des Golfplatzes, im Bild alles außer die rot durchgestrichenen Bereiche.

Spielfolge. Es ist immer derjenige Spieler an der Reihe, dessen Ball am weitesten vom Loch entfernt ist[2]. Das Spielen außerhalb dieser Reihenfolge ist zwar STRAFLOS (sofern es nicht abgesprochen wurde, um einem Spieler einen taktischen Vorteil zu gewähren[3]), kann aber einen Verstoß gegen die Etikette bedeuten.

Bälle dicht beieinander. Liegen zwei Bälle so dicht beieinander, dass sie gegenseitig das Spiel behindern, so darf ein Ball markiert und aufgenommen werden, bis der andere Ball gespielt ist[4]. Anschließend ist der Ball genau an seine ursprüngliche Lage zurückzulegen. Wurde die ursprüngliche Lage verändert, so muss er in die nächste, möglichst ähnliche Lage hingelegt werden – natürlich nicht näher zum Loch[5].

Im Gelände

Ball suchen. Falls Sie Ihren Ball nicht auf Anhieb finden können und zu suchen anfangen müssen, sollten Sie dabei kurz auf die Uhr sehen: Nach 5 Minuten Suchzeit gilt der Ball als verloren und darf nicht mehr gespielt werden[6] (siehe S. 105, „Verlorener Ball"). Zudem sollten Sie, bevor Sie mit der Suche beginnen,

Tipp: Wenn Sie Ihren Ball im Rough finden und zum Golfbag zurückkehren müssen, um einen Schläger zu holen, so lassen Sie Ihre Mütze, Ihren Handschuh o. Ä. beim Ball liegen, damit Sie die Stelle sicher wieder finden.

kurz zurückblicken und eine evtl. wartende Partie durchspielen lassen. Um Missverständnissen vorzubeugen sollten Sie, bevor Sie die Suche nach dem Ball aufnehmen, Ihren Mitspielern nochmals Marke und Ziffer des gesuchten Balls mitteilen.

Ball beim Suchen bewegt. Wenn Sie Ihren Ball beim Suchen aus Versehen bewegen, so müssen Sie ihn zurücklegen und erhalten dafür 1 STRAFSCHLAG[7]. Verursacht hingegen ein Mitspieler, dass sich Ihr Ball bewegt, so ist dies für beide STRAFLOS, der Ball muss aber ebenfalls unbedingt zurückgelegt werden[8]. Wenn Sie ihn nicht zurücklegen, erhalten Sie 2 STRAFSCHLÄGE wegen Spielens von falschem Ort[9].

Ball identifizieren. Falls Sie nicht erkennen können, ob es sich beim gefundenen Ball um den Ihren handelt, so dürfen Sie seine Lage kennzeichnen und den Ball zwecks Identifizierung aufnehmen. Vorher müssen Sie jedoch Ihren Zähler oder einen Mitspieler darüber informieren und ihm Gelegenheit geben, das ganze Prozedere zu beobachten, sonst erhalten Sie 1 STRAFSCHLAG[10]. Ist der Ball verdreckt, so ist ein wenig Freikratzen, soweit zum Identifizieren nötig, erlaubt. Anschließend muss der Ball in genau dieselbe Lage zurückgelegt werden.
Um über jeden Zweifel erhaben zu sein, können Sie den Ball auch gleich durch einen Mitspieler identifizieren lassen. Doch Vorsicht: Manche Mitspieler denken, dass sie sich „sportlich fair" verhalten würden, wenn sie Ihnen nach dem Identifizieren den Ball etwas besser zurücklegen oder Gräser um den Ball niederdrücken. Ein solcher Mitspieler erhält 2 STRAFSCHLÄGE[11] und Sie als betroffener Spieler ebenfalls, wenn Sie sich eine solche Verbesserung gefallen lassen[12].

Belehrung und Spiellinie. Nach Ausgrenzen, der Fahnenposition, der Lage von Hindernissen oder nach anderen *allgemein zugänglichen Informationen,* wie z. B. den Regeln, dürfen Sie jederzeit fragen[13]. Ebenso dürfen Sie nach Distanzen z. B. vom Ball bis zum Grün fragen[14]. Nicht erlaubt hingegen sind Tipps zur Schlägerwahl oder der Art und Weise, wie ein Schlag gespielt werden soll, denn das wäre Belehrung. Wer nach Belehrung *fragt* oder solche *erteilt* erhält 2 STRAFSCHLÄGE[15].

Falls Sie die Fahne nicht sehen können, dürfen Sie sich die Spiellinie von einem Mitspieler angeben lassen. Der Mitspieler darf sich aber nicht auf der Spiellinie befinden, während Sie Ihren Schlag spielen[16].

Ball spielen, wie er liegt. Beachten Sie, dass der Grundsatz des Golfspiels besagt, dass ein Ball so gespielt werden muss, wie er liegt, sofern die Regeln nichts Anderweitiges vorsehen[17]. Sie müssen die Lage, so wie Sie sie vorfinden, akzeptieren. Versuchen Sie insbesondere nie, ungerechtfertigterweise die Lage des Balls, den Raum des beabsichtigten Stands und Schwungs oder die Spiellinie zu verbessern. Sie dürfen nichts, das angewachsen oder befestigt ist, *vor* dem Schlag *bewegen, biegen oder brechen.* Sie dürfen beim Ansprechen des Balls den Schläger nur leicht aufsetzen und nicht auf den Boden drücken. Verstöße werden mit 2 STRAFSCHLÄGEN geahndet[18].

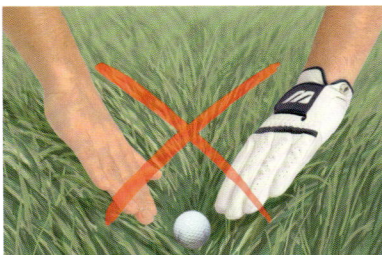

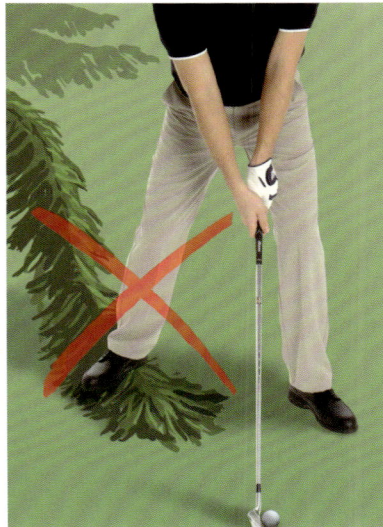

Ball spielen, wie er liegt.
Die ungerechtfertigte Verbesserung der Lage des Balls, der Spiellinie sowie des Raums von Stand oder Schwung wird mit 2 Strafschlägen bestraft.

Einzig beim *Beziehen der Standposition* kann es passieren, dass es *unvermeidlich* ist, etwas zu bewegen, zu biegen oder zu brechen. Es ist dann STRAFLOS, wenn es beim *redlichen* Einnehmen des Stands passiert, d. h. der Spieler sich keinen ungerechtfertigten Vorteil verschaffen will, aber dennoch z. B. beim Betreten eines Gebüsches aus Versehen einen kleinen Ast abknickt[19].

Probeschwung. Im Gelände sind Übungsschwünge grundsätzlich erlaubt. Es empfiehlt sich aber, diese in genügendem Abstand vom Ball auszuführen, damit nicht die Gefahr besteht, den Ball aus Versehen zu bewegen. Vermeiden Sie bei Übungsschwüngen nach Möglichkeit die Verletzung des Rasens. Legen Sie evtl. herausgeschlagene Rasenstücke unbedingt zurück und treten Sie sie fest.

Wenn Sie bei Ihrem Probeschwung etwas abreißen, abbrechen oder abbiegen, das Ihnen für den anschließenden Schlag einen Vorteil verschafft, so erhalten Sie 2 STRAFSCHLÄGE[20].

Ball beim Probeschwung bewegt. Wenn Sie Ihren Ball beim Probeschwung aus Versehen treffen, so zählt dies nicht als Schlag (da Sie nicht die Absicht hatten, den Ball zu schlagen[21]) und Sie müssen den Ball mit 1 STRAFSCHLAG zurücklegen[22]. Wenn Sie ihn nicht zurücklegen, erhalten Sie 2 STRAFSCHLÄGE wegen Spielens von falschem Ort[23].

Ball beim Ansprechen bewegt. Bewegt sich Ihr Ball, nachdem Sie ihn angesprochen haben (d. h. Stand eingenommen und Schläger auf dem Boden aufgesetzt[24]), so gilt er als von Ihnen bewegt, und Sie müssen ihn mit 1 STRAFSCHLAG zurücklegen[25]. Wenn Sie ihn *nicht* zurücklegen, erhalten Sie 2 STRAFSCHLÄGE wegen Spielens von falschem Ort[26].

Tipp: Wenn sich der Ball in einer heiklen oder unstabilen Lage befindet (z. B. in Hanglage, auf Laub, in hohem Gras oder bei starkem Wind), so ist es ratsam, den Schläger nicht aufzusetzen, da sich der Ball bewegen könnte.

Lose hinderliche Naturstoffe. Unter losen hinderlichen Naturstoffen versteht man alle *natürlichen* Gegenstände, die *lose* sind, d. h. weder befestigt noch angewachsen noch fest eingebettet und auch nicht am Ball haftend (nicht darunter fallen somit beispielsweise am Baum wachsendes Blattwerk, ein abgestorbener aber immer noch mit dem Baum verbundener Ast, Rankengewächse und Schlingpflanzen, ein eingebetteter Stein usw.). Sand und loses Erdreich gelten nur auf dem Grün als lose hinderliche Naturstoffe[27].

Lose Naturstoffe sind natürliche Gegenstände, welche lose sind, d. h. nicht angewachsen, befestigt oder fest eingebettet (Stein!).

Lose hinderliche Naturstoffe dürfen Sie überall im Gelände STRAFLOS entfernen[28]. Bewegt sich dabei allerdings Ihr Ball, so müssen Sie ihn mit 1 STRAFSCHLAG zurücklegen[29]. Wenn Sie ihn nicht zurücklegen, erhalten Sie 2 STRAFSCHLÄGE wegen Spielens von falschem Ort[30].

Wenn Sie also befürchten, dass sich Ihr Ball beim Fortbewegen von losen hinderlichen Naturstoffen bewegen könnte, so spielen Sie ihn lieber, wie er liegt, anstatt ein unnötiges Risiko einzugehen.

Hemmnisse. *Künstliche,* d. h. von Menschenhand geschaffene Gegenstände, werden als Hemmnisse bezeichnet. Sie sind in *bewegliche* und *unbewegliche* Hemmnisse eingeteilt. Keinesfalls als Hemmnis gelten jedoch alle Gegenstände zum Bezeichnen des Aus[31].

Bewegliche Hemmnisse. Unter beweglichen Hemmnissen versteht man alle künstlichen Gegenstände, welche unter normaler Kraftanstrengung und innerhalb nützlicher Frist *fortbewegt* werden können (ausgenommen Auspfosten)[32].

Im Geländе

Bewegliche Hemmnisse *sind künstliche Gegenstände, die fortbewegt werden können. Doch Vorsicht: Auspfosten dürfen nie entfernt werden.*

Bewegliche Hemmnisse dürfen Sie überall STRAFLOS entfernen. Bewegt sich dabei Ihr Ball, so müssen Sie ihn STRAFLOS zurücklegen[33]. Wenn Sie ihn nicht zurücklegen, erhalten Sie 2 STRAFSCHLÄGE wegen Spielens von falschem Ort[34].

Liegt Ihr Ball *in* oder *auf* dem beweglichen Hemmnis, so haben Sie gleichwohl Anspruch auf STRAFLOSE Erleichterung: Kennzeichnen Sie die Lage des Balls unterhalb des Hemmnisses. Nehmen Sie den Ball sodann auf, entfernen Sie das Hemmnis und lassen Sie ihn möglichst nahe der markierten Stelle *fallen*[35].

Unbewegliche Hemmnisse. Unter unbeweglichen Hemmnissen versteht man künstliche Sachen, welche *nicht fortbewegt* werden können (ausgenommen Gegenstände, welche das Aus abgrenzen)[36].

Unbewegliche Hemmnisse *sind künstliche Gegenstände, welche nicht fortbewegt werden können. Straßen und Wege gelten nur als künstlich, wenn Fremdmaterial aufgetragen wurde (d. h. keine Erleichterung von gewöhnlichen Feldwegen und Trampelpfaden!). Stützpfähle fallen ebenfalls darunter und oftmals besagen Platzregeln sogar, dass auch der gestützte Baum selbst als Hemmnis gilt.*

Von einem unbeweglichen Hemmnis erhalten Sie STRAFLOSE Erleichterung nur, wenn es Ihren *Stand* oder *Schwung* behindert (Behinderung der Spiellinie reicht nicht aus)[37].

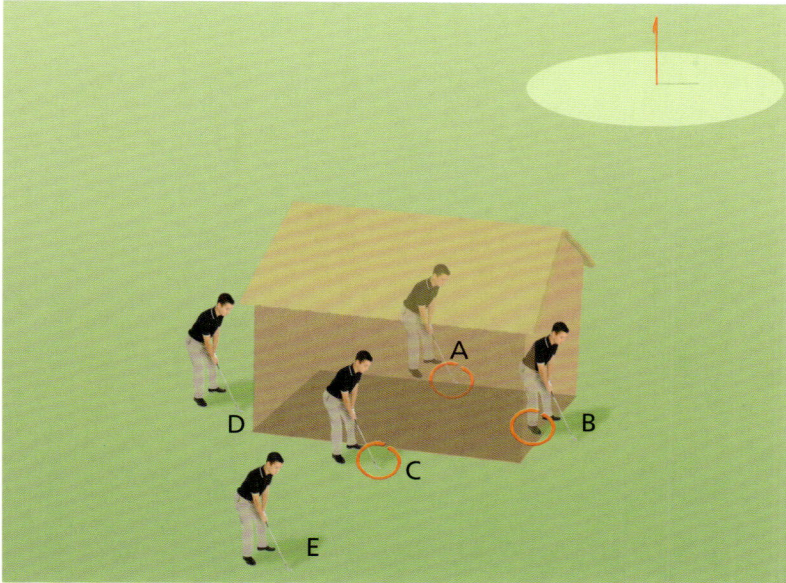

Behinderung *durch ein unbewegliches Hemmnis ist nur gegeben, wenn der Spieler physisch im Stand oder Schwung behindert ist.*

Beispiel Hütte: Bei den Punkten A (Rückschwung), B (Standposition) und C (Durchschwung) ist der Spieler behindert und hat deshalb Anspruch auf straflose Erleichterung.

Bei D und E hingegen kann der Spieler frei stehen und unbehindert schwingen, weshalb der Ball dort gespielt werden muss, wie er liegt. Dass die Hütte in seiner Spiellinie steht, ist dabei unerheblich.

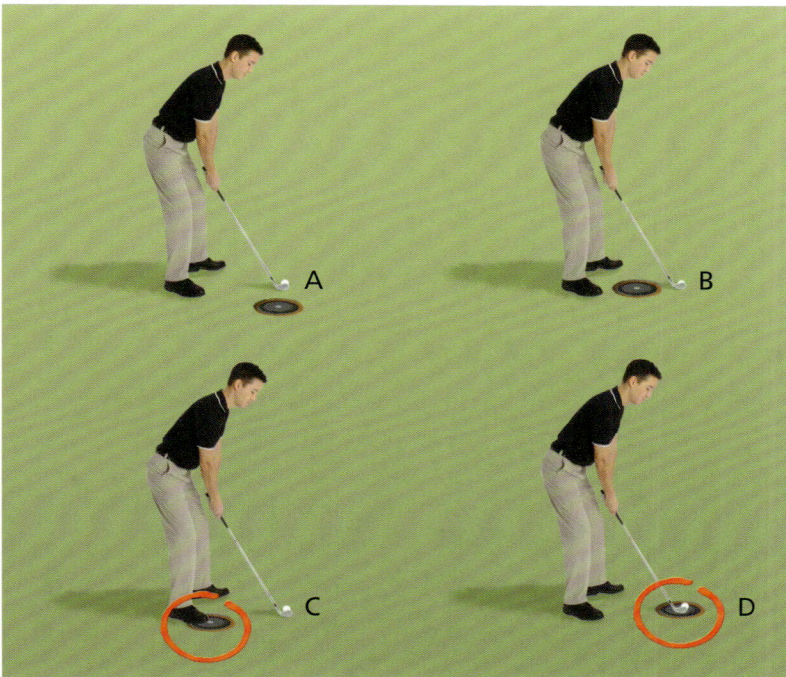

Keine Behinderung *durch ein unbewegliches Hemmnis ist gegeben, wenn der Spieler lediglich optisch behindert ist oder sich sonst wie gestört fühlt.*

Beispiel Sprinkler: Bei den Punkten A und B ist der Spieler nicht behindert und hat daher keinen Anspruch auf straflose Erleichterung.

Bei C und D hingegen kann der Spieler nicht frei stehen oder ungehindert schwingen und erhält deshalb straflose Erleichterung.

Nehmen Sie von unbeweglichen Hemmnissen STRAFLOSE Erleichterung wie folgt: Bestimmen Sie den nächstgelegenen Punkt im Gelände, nicht näher zum Loch, wo die Behinderung nicht mehr gegeben ist, und lassen Sie den Ball innerhalb von 1 Schlägerlänge fallen[38].

Eine Straße ist ein unbeweg-liches Hemmnis (künstlich) und der Spieler hat Anspruch auf straflose Erleichte-rung, wenn sein Ball auf der Straße liegt (Schwung behindert) oder er auf der Straße stehen müsste (Stand behindert). Nächsten Punkt suchen, wo behinderungsfrei gestanden und geschwungen werden kann und den Ball innerhalb von 1 Schlägerlänge droppen.

Sie *müssen* aber *nicht* Erleichterung nehmen; insbesondere wenn der nächstgelegene Punkt hinter einem Baum oder im Rough liegt, kann es unter Umständen ratsamer sein, den Ball zu spielen, wie er liegt.

Vorsicht: Sie können nicht wählen, auf welcher Seite der Straße Sie droppen. Es muss die Seite des nächstgelegenen Punkts sein. Im Bild ist dies links bei Punkt A. Punkt B ist zwar gleich weit entfernt, doch reicht das noch nicht, da der Spieler vollstän-dige Erleichterung nehmen muss und auch nicht mehr auf der Straße stehen darf. Punkt C ist weiter entfernt als Punkt A. (Im Fall eines Linkshänders wäre es genau umgekehrt.)

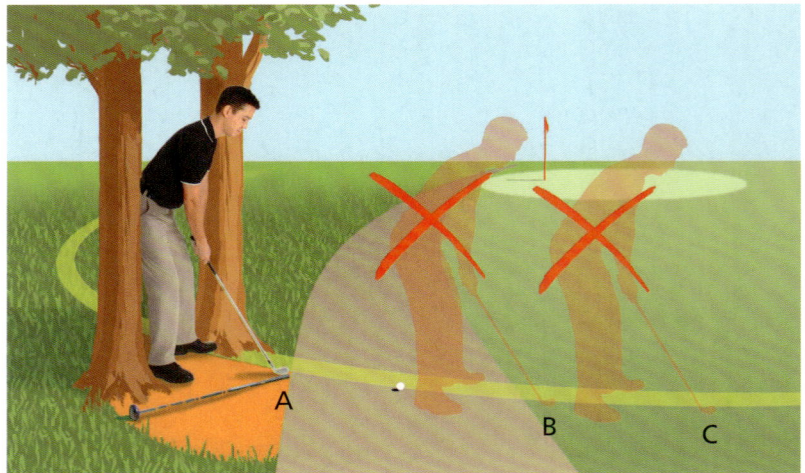

Manche Platzregeln erklären gewisse Anlagen (z. B. Straßen und Wege) zum Bestandteil des Platzes – von ihnen darf in der Folge keine STRAFLOSE Erleichterung genommen werden[39].

Ungewöhnlich beschaffener Boden. Als ungewöhnlich beschaffener Boden gelten *zeitweiliges Wasser* (vorübergehende Wasseransammlung wie z. B. Pfützen, Eis und Schnee)[40] sowie *Boden in Ausbesserung* (B.i.A., meist markiert durch blaue Pfähle, Linien o. Ä.)[41]. Weiter fallen darunter ganz genau umschriebene Tierspuren, nämlich *Löcher, Aufgeworfenes oder Laufwege von Erdgänge grabenden Tieren, von Reptilien und Vögeln*[42].

Ungewöhnlich beschaffener Boden. Hierunter fallen vor allem zwei Dinge: Pfützen und Boden in Ausbesserung (blau markiert). Zwar gehören auch noch Wühlspuren gewisser Tierarten dazu, doch spielen diese in unseren Breitengraden keine große Rolle (lediglich Maulwurfshügel und Mauselöcher kommen in Betracht). Achten Sie auch auf Platzregeln, welche gewisse Bereiche als Boden in Ausbesserung erklären können.

Wenn Sie Ihren Ball beim Suchen in ungewöhnlich beschaffenem Boden aus Versehen bewegen, so muss der Ball zurückgelegt werden, und es ist dies ausnahmsweise STRAFLOS[43].

Liegt Ihr Ball in ungewöhnlich beschaffenem Boden oder behindert Sie dieser in *Stand oder Schwung*, so dürfen Sie STRAFLOS Erleichterung nehmen, indem Sie den nächstgelegenen Punkt im Gelände bestimmen, wo die Behinderung durch den Umstand ausgeschlossen ist, und den Ball innerhalb von 1 Schlägerlänge fallen lassen[44] (gleiches Verfahren wie beim unbeweglichen Hemmnis). Wie immer darf dieser Punkt nicht näher beim Loch liegen als die ursprüngliche Lage des Balles.

Auch hier gilt, dass Sie keine Erleichterung nehmen müssen und den Ball auch spielen dürfen, wie er liegt (sofern die Platzregeln Erleichterung nicht zwingend vorschreiben, z. B. um Jungpflanzen zu schützen).

Im Gelände

Boden in Ausbesserung
ist in der Regel mit blauer Farbe gekennzeichnet oder in den Platzregeln festgehalten. Bestimmen Sie den nächsten Punkt, wo der Ball nicht im B.i.A. liegt und Sie auch nicht darin stehen müssten und lassen Sie den Ball straflos innerhalb von 1 Schlägerlänge fallen.

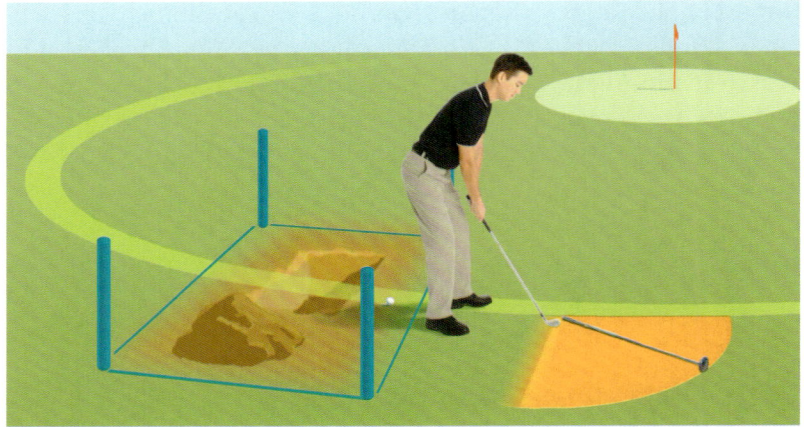

Ball in ungewöhnlich beschaffenem Boden verloren. Ist Ihr Ball tatsächlich in ungewöhnlich beschaffenem Boden verloren – falls Sie nicht sicher sind, ist er als gewöhnlicher „verlorener Ball" zu behandeln (siehe S. 105) – so erhalten Sie ebenfalls Erleichterung: Bestimmen Sie zunächst den Kreuzungspunkt, wo der Ball zuletzt die Grenze der betreffenden Fläche gekreuzt hat. Von diesem Punkt aus bestimmen Sie den nächstgelegenen Punkt der Erleichterung im Gelände, nicht näher zum Loch, und lassen einen neuen Ball STRAFLOS innerhalb von 1 Schlägerlänge fallen[45].

Ball in ungewöhnlich beschaffenem Boden verloren.
Gleiches Verfahren wie oben, doch dient nun nicht der Ball als Ausgangspunkt, sondern der Punkt, wo der Ball zuletzt die Grenze des ungewöhnlich beschaffenen Bodens gekreuzt hat.

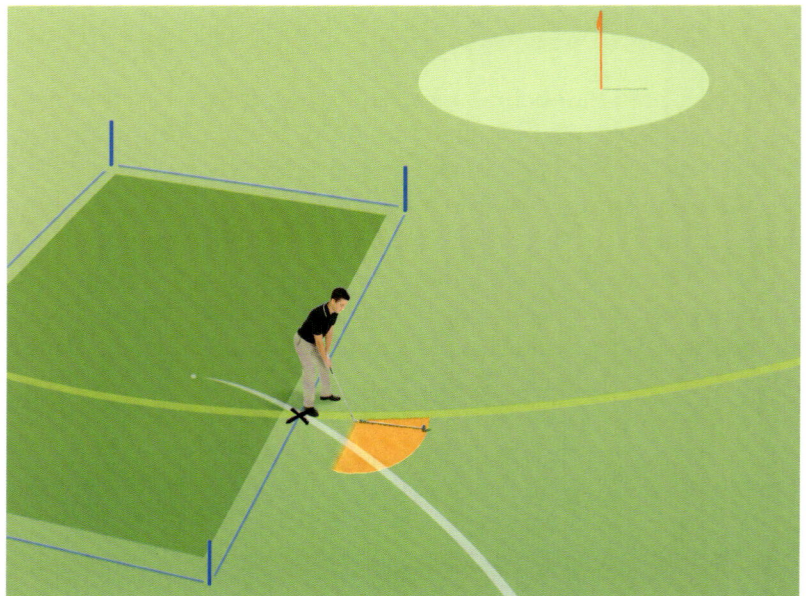

Falsches Grün. Landet Ihr *Ball* auf einem fremden Grün, so dürfen Sie ihn zur Schonung desselben *nicht* von dort aus spielen. Sie *müssen* STRAFLOSE Erleichterung nehmen, ähnlich wie beim ungewöhnlich beschaffenen Boden: Den nächsten Punkt, nicht näher zum Loch, bestimmen, welcher nicht auf dem Grün aber auch nicht in einem Hindernis liegt und innerhalb von 1 Schlägerlänge den Ball fallen lassen[46].

Falsches Grün. Zur Schonung darf von einem falschen Grün auf keinen Fall gespielt werden: Am nächsten Punkt innerhalb von 1 Schlägerlänge straflos den Ball fallen lassen. NB: Dieser Punkt befindet sich stets auf dem Vorgrün. Der Spieler darf auf einem falschen Grün stehen, um einen Ball zu spielen, welcher nicht auf diesem Grün liegt.

Eingebohrter Ball. Ist der Ball auf irgendeiner *kurz gemähten* Fläche (Fairway, Vorgrün) in sein *eigenes* Einschlagloch eingebohrt, so darf er STRAFLOS aufgenommen, gereinigt und unmittelbar daneben, nicht näher zum Loch, fallen gelassen werden[47].

Eingebohrter Ball. Von einem eingebohrten Ball gibt es im Gelände (nicht aber in Hindernissen) Erleichterung, jedoch nur, wenn sich der Ball auf einer kurz gemähten Fläche eingebohrt hat (d. h. Fairway, Vorgrün – nicht Semirough oder Rough!).

Divots, Traktorspuren, kahle Stellen usw. Landet Ihr Ball in einer schlechten Lage, welche nicht ausdrücklich in den Regeln erwähnt ist, so ist das Pech. Der Ball muss gespielt werden wie er liegt[48], oder Sie können ihn mit 1 STRAFSCHLAG für unspielbar erklären (siehe nächste Seite).

Ball im Divot. Das ist Pech, denn schlechte Lagen gehören im Golf dazu. Der Ball muss gespielt werden wie er liegt. Er könnte natürlich auch für unspielbar erklärt werden, dies würde aber 1 Strafschlag kosten.

Unspielbarer Ball. Sie können Ihren Ball im Gelände *jederzeit* für unspielbar erklären. Ob der Ball objektiv gesehen tatsächlich unspielbar liegt oder nicht, spielt dabei keine Rolle. Einen Ball für unspielbar zu erklären ist die absolut freie Entscheidung eines jeden Spielers und bedarf auch nicht etwa der Zustimmung seines Zählers. Sie haben dann folgende Möglichkeiten[49]:

1. Mit 1 STRAFSCHLAG einen Ball innerhalb von 2 Schlägerlängen, nicht näher zum Loch, fallen lassen. (Ausgangspunkt zum Abmessen der 2 Schlägerlängen ist die *ursprüngliche* Lage des Balls und *nicht* etwa die nächste „spielbare" Stelle!)
2. Mit 1 STRAFSCHLAG einen Ball auf der rückwärtigen Verlängerung der Linie vom Loch zum Ball in beliebiger Entfernung fallen lassen.
3. Mit 1 STRAFSCHLAG so nahe wie möglich der Stelle, wo der letzte Schlag gemacht wurde einen Ball fallen lassen. Auf dem Abschlag darf erneut aufgeteet werden.

Unspielbarer Ball.
3 Möglichkeiten zum Droppen, jeweils verbunden mit 1 Strafschlag, stehen zur Verfügung, wenn ein Ball für unspielbar erklärt wird.

Unspielbare Lage. *Befindet sich der Ball in einer aussichtslosen Lage, so empfiehlt es sich, 1 Strafschlag in Kauf zu nehmen und den Ball unspielbar zu erklären.*

Verlorener Ball. Wenn Sie Ihren Ball nicht innerhalb von 5 Minuten finden, so ist er verloren[50], und Sie müssen mit 1 STRAF-SCHLAG einen neuen Ball ins Spiel bringen. Kündigen Sie diesen wieder mit Marke und Ziffer an, und lassen Sie ihn so nahe wie möglich der Stelle, wo Sie Ihren letzten Schlag gemacht haben, fallen. Haben Sie Ihren letzten Schlag vom Abschlag aus gemacht, so dürfen Sie den neuen Ball ebenfalls aufteen[51].

Haben Sie allerdings bereits einen provisorischen Ball gespielt, so erübrigt sich das Zurückgehen, und der provisorische Ball wird mit 1 STRAFSCHLAG zum Ball im Spiel[52].

Ebenfalls verloren ist ein Ball im Gelände, den Sie nicht mit Sicherheit als den eigenen identifizieren können[53] sowie ein Ball im Aus[54].

Verlorener Ball. *Ist ein Ball verloren, so hat der Spieler nur eine einzige Möglichkeit: Zurückgehen zur Stelle des letzten Schlags und mit 1 Strafschlag einen neuen Ball fallen lassen bzw. auf dem Abschlag aufteen (Verlust von Schlag und Distanz).*

Falscher Ball. Bemerken Sie plötzlich, dass Sie einen falschen Ball gespielt haben, so müssen Sie den Fehler beheben, indem Sie zurückgehen und Ihren *richtigen* Ball spielen (der falsche Ball sollte zurückgelegt werden). Die Schläge mit dem falschen Ball zählen nicht, doch erhalten Sie für Ihr Fehlverhalten 2 STRAF-SCHLÄGE[55].

Falscher Ball. Das Spielen eines falschen Balls ist ärgerlich, denn es kostet den Spieler 2 Strafschläge. Immerhin zählen dafür die Schläge mit dem falschen Ball nicht. Der Spieler darf auf keinen Fall mit dem falschen Ball weiterspielen, sonst droht Disqualifikation.

2. Schlag + 2 Strafschläge = 4. Schlag

1. Schlag

Schläge mit einem falschen Ball zählen nicht.

Finden Sie allerdings Ihren richtigen Ball nicht wieder, so ist er im Sinn der Regel verloren: Sie müssen zu der Stelle zurückgehen, wo Sie den *letzten Schlag* mit Ihrem *richtigen* Ball gemacht haben und dort mit 1 WEITEREN STRAFSCHLAG einen neuen Ball fallen lassen[56].

Wenn Sie mit dem falschen Ball einlochen und den Fehler nicht unmittelbar darauf beheben, so werden Sie DISQUALIFIZIERT[57].

Machen Sie es sich deshalb zur Gewohnheit, vor jedem Schlag kurz zu prüfen, ob es sich beim betreffenden Ball tatsächlich um den eigenen handelt.

Ball trifft nicht zum Spiel Gehöriges/Spielzufall. Trifft Ihr Ball einen Leitungsmast, einen Baum, einen Zuschauer, ein Tier oder sonst etwas „nicht zum Spiel Gehöriges", so ist dies STRAFLOS und Sie müssen Ihren Ball spielen, wie er liegt[58].

Ball trifft anderen Ball. Trifft Ihr Ball einen anderen Ball, so ist dies STRAFLOS und Sie müssen Ihren Ball spielen, wie er liegt. Der getroffene, bewegte Ball ist zurückzulegen[59].

(NB: 2 STRAFSCHLÄGE gibt es nur auf dem Grün – wenn beide Bälle vor dem Schlag auf dem Grün lagen[60].)

Ball trifft Spieler selbst oder Ausrüstung. Treffen Sie mit dem Ball sich selbst oder Ihre Ausrüstung (Golfbag, Elektrocart usw.), so erhalten Sie 1 STRAFSCHLAG und der Ball muss gespielt werden, wie er liegt[61].

Ruhender Ball durch nicht zum Spiel Gehöriges bewegt oder entwendet. Wird Ihr ruhender Ball durch nicht zum Spiel Gehöriges bewegt (z. B. Zuschauer, Tier, Mitspieler, anderen Ball), so müssen Sie Ihren Ball STRAFLOS zurücklegen. Wurde Ihr Ball sogar aufgehoben und mitgenommen, so dürfen Sie einen neuen Ball STRAFLOS an die Stelle legen, wo der Ball lag[62]. Ist Ihr Ball allerdings verschwunden, ohne dass Sie gesehen haben, dass ihn etwas nicht zum Spiel Gehöriges mitgenommen hat, so ist der Ball als gewöhnlicher „verlorener Ball" zu betrachten (siehe S. 105).

Mehrfachberührung. Wenn Sie Ihren Ball beim Schlag mehr als einmal treffen (z. B. weil Sie mit dem Schläger im Rough hängen bleiben), so müssen Sie dem Schlag 1 STRAFSCHLAG hinzuzählen[63].

Doppelschlag. Im Rough kann es vorkommen, dass man mit dem Schläger hängen bleibt und in der Folge den Ball zweimal trifft. In einem solchen Fall zählt der Schlag plus 1 Strafschlag.

Ball landet auf einem anderen Abschlag oder auf einem falschen Fairway. Ist Ihr Ball auf einem anderen Abschlag oder der Nachbarbahn gelandet, so ist das im Sinn der Regeln nicht weiter tragisch: Beides gehört zum „Gelände" und der Ball muss gespielt werden, wie er liegt[64] (die Abschlagsmarkierungen gelten nach dem Abschlag als bewegliche Hemmnisse und dürfen STRAFLOS entfernt werden[65]).

1 Erklärung „Gelände" i.V.m. Erklärung „Platz".
2 Regel 10-2.b.
3 Regel 10-2.c.
4 Regel 22.
5 Regel 20-3.b.(I)
6 Erklärung „Verlorener Ball".
7 Regel 18-2.
8 Regel 18-1.
9 Regel 20-7.c. i.V.m. Regel 18.
10 Regel 12-2.
11 Regel 1-2.
12 Regel 13-2.
13 Erklärung „Belehrung".
14 Entscheidung 8-1/2.
15 Regel 8-1.
16 Regel 8-2.a.
17 Regel 13-1.
18 Regel 13-2.
19 Ebenda.
20 Regel 13-2.
21 Erklärung „Schlag".
22 Regel 18-2.a.
23 Regel 20-7.c. i.V.m. Regel 18.
24 Erklärung „Ansprechen des Balls".
25 Regel 18-2.b.
26 Regel 20-7.c. i.V.m. Regel 18.
27 Erklärung „Lose hinderliche Naturstoffe".
28 Regel 23-1.
29 Regel 18-2.c.
30 Regel 20-7.c. i.V.m. Regel 18.
31 Erklärung „Hemmnisse".
32 Ebenda.

33 Regel 24.1.a.
34 Regel 20-7.c. i.V.m. Regel 24.
35 Regel 24-1.b.
36 Erklärung „Hemmnisse".
37 Regel 24-2.a.
38 Regel 24-2.b.
39 Erklärung „Hemmnisse".
40 Erklärung „Zeitweiliges Wasser".
41 Erklärung „Boden in Ausbesserung".
42 Erklärung „Ungewöhnlich beschaffener Boden".
43 Regel 12-1.
44 Regel 25-1.a. und b.
45 Regel 25-1.c.
46 Regel 25-3.
47 Regel 25-2.
48 Regel 13-1.
49 Regel 28.
50 Erklärung „Verlorener Ball".
51 Regel 27-1. i.V.m. Regel 20-5.
52 Regel 27-2.b.
53 Erklärung „Verlorener Ball".
54 Regel 27-1.
55 Regel 15-3.
56 Regel 27-1.
57 Regel 15-3.
58 Regel 19-1.
59 Regel 19-5.
60 Regel 19-5. i.V.m. 16-1.f.
61 Regel 19-2.b.
62 Regel 18-1. und 5.
63 Regel 14-4.
64 Regel 13-1.
65 Regel 24-1. i.V.m. Regel 11-2.

7. Im Bunker

Definition. Die Grenze des Bunkers ergibt sich aus der natürlichen Grenze des Sandes. Raseninseln im Bunker sind nicht Bestandteil desselben, und über den Bunkerrand gespritzter Sand gehört auch nicht zum Bunker. Ein Ball liegt im Bunker, wenn er den Sand darin berührt[1].

NB: Über den Bunkerrand gespritzter Sand darf nur auf dem Grün entfernt werden.

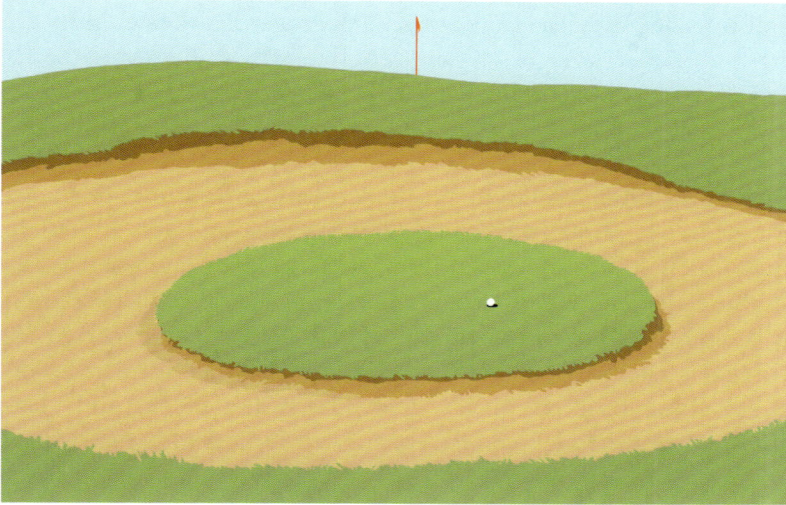

Raseninseln im Bunker gehören im Sinn der Regeln nicht zum Bunker, sondern sind Teil des „Geländes"; d. h. auf Raseninseln ist es erlaubt, den Schläger aufzusetzen und es ist ebenfalls zulässig, lose Naturstoffe zu entfernen (ausgenommen Sand!).

Schonung und Zeitersparnis. Wenn Sie einen Bunker betreten, so achten Sie bitte darauf, dass Sie von der flachen Seite und nicht über eine steile Bunkerwand einsteigen. Wählen Sie dabei stets den kürzesten Weg und nehmen Sie nach Möglichkeit den Rechen gleich mit hinein. Sie dürfen den Rechen dann aber im Bunker nur fallen lassen oder hinlegen und nicht in den Sand stecken, weil das als unerlaubtes Prüfen des Sands gelten würde[2].

Bälle dicht beieinander. Sollten zwei Bälle so dicht beieinander liegen, dass sie sich gegenseitig beim Spielen behindern, so darf ein Ball markiert und aufgenommen werden, bis der andere gespielt ist[3].

Anschließend ist der Ball ganz genau in seine ursprüngliche Lage zurückzulegen. Falls die ursprüngliche Lage durch das Spielen des anderen Balls verändert wurde, so muss sie so gut wie möglich wieder hergestellt werden, d. h. gegebenenfalls sind Spuren einzuebnen, der Ball einzubohren usw.[4].

Ball identifizieren. Falls Sie nicht erkennen können, ob es sich beim gefundenen Ball um den Ihren handelt, dürfen Sie seine Lage kennzeichnen und den Ball zwecks Identifizierung aufnehmen. Vorher müssen Sie jedoch Ihren Zähler oder einen Mitspieler darüber informieren und ihm Gelegenheit geben, das ganze Prozedere zu beobachten, sonst erhalten Sie 1 STRAFSCHLAG[5]. Ist der Ball verdreckt, so ist ein wenig Freikratzen, soweit zum Identifizieren nötig, erlaubt. Anschließend muss der Ball in genau dieselbe Lage zurückgelegt werden. Dabei muss die ursprüngliche Lage so gut wie möglich wieder hergestellt werden, d. h. gegebenenfalls den Sand einebnen, den Ball einbohren usw.[6]

Belehrung und Spiellinie. Nach der Fahnenposition, der Lage von weiteren Hindernissen, Ausgrenzen oder anderen allgemein zugänglichen Informationen (z. B. Regeln oder Platzregeln) dürfen Sie jederzeit fragen[7]. Ebenfalls erlaubt ist es, nach Distanzen z. B. vom Ball bis zum Grün zu fragen. Nicht fragen dürfen Sie hingegen nach Tipps zur Schlägerwahl oder der idealen Spielweise eines Bunkerschlags, denn das wäre Belehrung[8]. Das Erbitten oder Erteilen von Belehrung wird mit 2 STRAFSCHLÄGEN bestraft[9].
Falls Sie die Fahne vom Bunker aus nicht sehen können, dürfen Sie sich die Spiellinie von einem Mitspieler angeben lassen. Der Mitspieler muss jedoch diese Linie verlassen, bevor Sie Ihren Schlag spielen[10].

Ball spielen, wie er liegt. Sie dürfen die Beschaffenheit des Bunkers vor dem Schlag nicht prüfen und deshalb den Sand nicht mit dem Schläger oder der Hand berühren. Insbesondere dürfen Sie den Schläger vor dem Schlag nicht im Sand aufsetzen und beim Rückschwung den Sand nicht berühren. Bei einem Verstoß erhalten Sie 2 STRAFSCHLÄGE[11].
Erlaubt ist es hingegen, den Rechen oder einen Schläger im Sand abzulegen, sofern dabei der Sand nicht geprüft wird[12].
Vor dem Schlag dürfen Sie im Bunker natürlich auch keinerlei Spuren einebnen. Landet Ihr Ball in den Fußspuren vorangegangener Spieler, so ist dies zwar ärgerlich, doch müssen Sie den Ball spielen, wie er liegt. Es ist deshalb ausgesprochen wichtig, den Bunker zu rechen und stets in einwandfreiem Zustand zu hinterlassen.

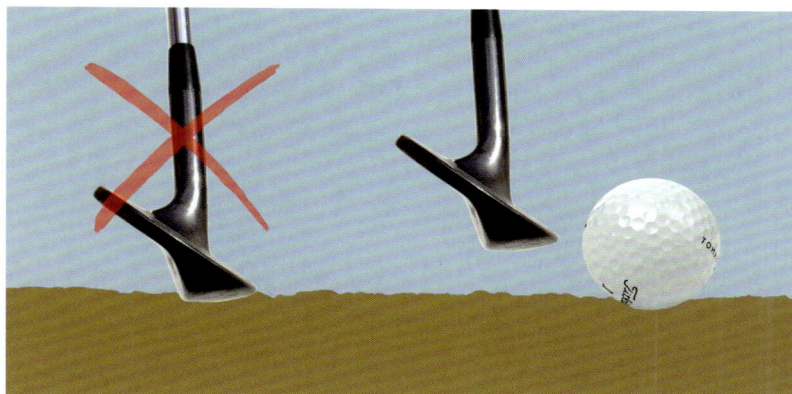

Keine Sandberührung.
Im Bunker darf der Boden vor dem Schlag nicht berührt werden (2 Strafschläge). Der Schläger darf somit nicht im Sand aufgesetzt werden, sondern muss beim Ansprechen des Balls leicht über dem Sand gehalten werden. Selbst beim Rückschwung ist Vorsicht geboten, da auch hier der Sand nicht berührt werden darf.

Probeschwung. Auch im Bunker dürfen Sie grundsätzlich Probeschwünge machen, doch dürfen Sie dabei den Sand nicht berühren[13]. Unter Umständen ist es daher ratsam, im Voraus einige Übungsschwünge außerhalb des Bunkers zu machen.

Ball beim Ansprechen bewegt. Bewegt sich Ihr Ball, nachdem Sie Ihn angesprochen haben (d. h. Stand eingenommen, ohne den Schläger aufzusetzen[14]), so gilt er als von Ihnen bewegt und Sie müssen ihn mit 1 STRAFSCHLAG zurücklegen[15]. Wenn Sie ihn nicht zurücklegen, spielen Sie von falschem Ort und erhalten dafür 2 STRAFSCHLÄGE[16].

Lose hinderliche Naturstoffe. Lose hinderliche Naturstoffe, wie Zweige, Blätter, Steine* usw. dürfen Sie im Bunker nicht entfernen oder berühren, sonst erhalten Sie 2 STRAFSCHLÄGE[17].
*Achten Sie auf die Platzregeln – oft besagen diese, dass Steine in Bunkern als bewegliche Hemmnisse gelten und deshalb ausnahmsweise STRAFLOS entfernt werden dürfen.

Hemmnisse. Bewegliche Hemmnisse, wie z. B. der Rechen, dürfen im Bunker in erwähnter Weise (siehe Kapitel „Gelände") STRAFLOS entfernt werden[18]. Wird dabei der Sand berührt, so ist das ebenfalls STRAFLOS[19]. Bewegt sich beim Entfernen des Hemmnisses der Ball, so ist er STRAFLOS zurückzulegen[20]. Sollte der Ball beim Zurücklegen nicht liegen bleiben, so ist er erneut zurückzulegen. Bleibt er auch beim zweiten Mal nicht liegen, so muss er an der nächsten Stelle im Bunker hingelegt werden, wo er liegen bleibt und die nicht näher zum Loch liegt[21].

Im Bunker

Lose Naturstoffe und bewegliche Hemmnisse. *Im Bunker dürfen lose hinderliche Naturstoffe nicht entfernt werden, wohl aber bewegliche Hemmnisse (künstlich). Steine sind zwar lose hinderliche Naturstoffe, oftmals besagen Platzregeln aber, dass sie in Bunkern als bewegliche Hemmnisse gelten und folglich straflos entfernt werden dürfen.*

Der Rechen *ist ein bewegliches Hemmnis und darf daher straflos entfernt werden – selbst wenn ein Ball direkt am Rechen liegt. Bewegt sich der Ball beim Entfernen des Rechens, so ist er straflos zurückzulegen.*

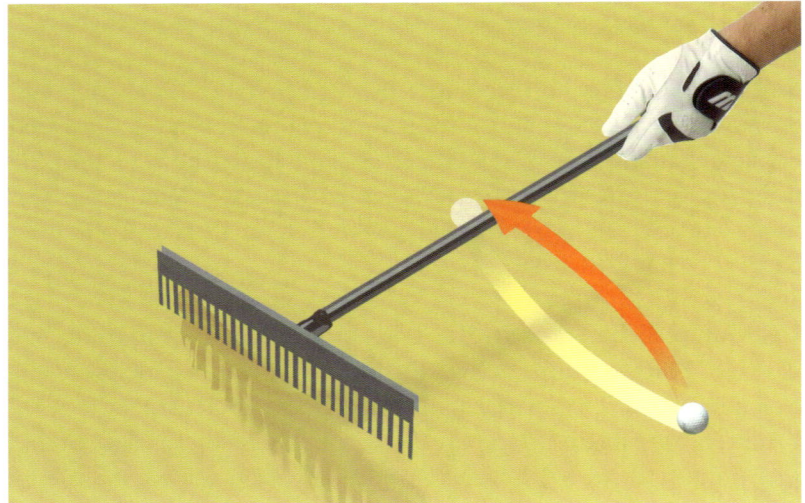

Auch von unbeweglichen Hemmnissen gibt es im Bunker STRAF-LOSE Erleichterung, wenn sie den Spieler in Stand oder Schwung behindern[22] – allerdings sind unbewegliche Hemmnisse in Bunkern so gut wie nie anzutreffen. (Das Verfahren wäre dasselbe wie im Gelände (siehe dort), wobei der Ball jedoch selbstverständlich *im Bunker* fallen gelassen werden müsste. Als zusätzliche Möglichkeit könnte der Ball auch mit 1 STRAFSCHLAG außerhalb des Bunkers fallen gelassen werden, entsprechend dem Verfahren bei ungewöhnlich beschaffenem Boden im Bunker – siehe sogleich.)

Ungewöhnlich beschaffener Boden. Liegt Ihr Ball im Bunker in ungewöhnlich beschaffenem Boden (zeitweiliges Wasser, B.i.A., gewisse Tierspuren) oder behindern Sie diese in Stand oder Schwung, so dürfen Sie STRAFLOSE Erleichterung nehmen und von folgenden Möglichkeiten Gebrauch machen:

1. STRAFLOS *im Bunker* am nächstgelegenen Punkt, nicht näher zum Loch, wo Behinderung durch den Umstand soweit als möglich ausgeschlossen ist, den Ball innerhalb von 1 Schlägerlänge fallen lassen[23].
2. Mit 1 STRAFSCHLAG *außerhalb des Bunkers* auf der rückwärtigen Verlängerung der Linie Loch–Ball fallen lassen[24].

Pfütze im Bunker. Auch im Bunker hat der Spieler Anspruch auf straflose Erleichterung, wenn ungewöhnlich beschaffener Boden seinen Stand oder Schwung behindert. Allerdings muss er seinen Ball dabei immer innerhalb des Bunkers und nicht näher zur Fahne droppen.
Da es vorkommen kann, dass eine solche Stelle nicht gefunden wird, steht ihm eine zweite Möglichkeit ausserhalb des Bunkers zur Verfügung – allerdings mit 1 Strafschlag.

Steht der Bunker vollständig unter Wasser, so bleibt dem Spieler nichts anderes übrig, als nach der 2. Variante vorzugehen – und dabei wohl oder übel 1 Strafschlag in Kauf zu nehmen.

Im Bunker

Eingebohrter Ball, alte Fußspuren, störende Bunkerkante usw.
Hat sich der Ball tief in den Sand eingebohrt (diese Lage wird
gerne als „Spiegelei" bezeichnet), so ist das als besondere
Herausforderung zu betrachten. Dasselbe gilt für einen Ball, der
in den Fußspuren vorangegangener Spieler gelandet ist oder so
nahe an der Bunkerkante, dass er praktisch nicht gespielt werden
kann. Solche Lagen gehören zum Spiel und der Ball muss
gespielt werden, wie er liegt[25] – es sei denn, Sie erklären ihn für
unspielbar (mit 1 Strafschlag, siehe unten).

Spiegeleier und andere schlechte Lagen. Wenn sich Ihr Ball im Sand eingebohrt hat oder sonst wie schlecht liegt, so ist das Pech, denn schwierige Lagen, welche nicht ausdrücklich in den Regeln erwähnt sind, gehören grundsätzlich zum Spiel. Der Ball muss gespielt werden wie er liegt, oder Sie können ihn mit 1 Strafschlag unspielbar erklären.

Unspielbarer Ball. Sie können Ihren Ball im Bunker jederzeit für
unspielbar erklären und von folgenden Möglichkeiten Gebrauch
machen[26]:

1. Im Bunker mit 1 STRAFSCHLAG einen Ball innerhalb von zwei
   Schlägerlängen, nicht näher zum Loch, fallen lassen.
2. Im Bunker mit 1 STRAFSCHLAG einen Ball auf der rückwärtigen Verlängerung der Linie vom Loch zum Ball fallen lassen.
3. Mit 1 STRAFSCHLAG so nahe wie möglich der Stelle, wo der
   letzte Schlag gemacht wurde, einen Ball fallen lassen. Auf
   dem Abschlag darf erneut aufgeteet werden. (Gemeint ist
   nicht die Stelle, wo der letzte Schlag außerhalb des Bunkers
   erfolgt ist, sondern die Stelle des tatsächlich letzten Schlags.
   Je nachdem wo der letzte Schlag erfolgt ist, kann diese Stelle
   inner- oder außerhalb des Bunkers liegen.)

Falscher Ball. Bemerken Sie plötzlich, dass Sie einen falschen Ball gespielt haben, so müssen Sie den Fehler beheben, indem Sie zurückgehen und Ihren *richtigen* Ball spielen (der falsche Ball sollte zurückgelegt werden). Die Schläge mit dem falschen Ball zählen nicht, doch erhalten Sie für Ihren Fehler 2 STRAFSCHLÄGE[27]. Wenn Sie mit dem falschen Ball einlochen und den Fehler nicht unmittelbar darauf beheben, so werden Sie DISQUALIFIZIERT[28].
Machen Sie es sich deshalb zur Gewohnheit, vor jedem Schlag kurz zu prüfen, ob es sich beim betreffenden Ball tatsächlich um den eigenen handelt.

Ball trifft nicht zum Spiel Gehöriges/Spielzufall. Trifft Ihr Ball den Rechen oder etwas anderes „nicht zum Spiel Gehöriges", so gilt das als Spielzufall, ist STRAFLOS und Sie müssen mit Ihrem Ball weiterspielen, wie er liegt[29].

Ball trifft Spieler selbst oder Ausrüstung. Treffen Sie mit dem Ball sich selbst oder Ihre Ausrüstung (Golfbag, Elektrocart usw.), so erhalten Sie 1 STRAFSCHLAG und der Ball muss gespielt werden, wie er liegt[30].

Ball nicht aus Bunker herausbekommen. Rollt Ihr Ball nach dem Schlag zurück in den Bunker und landet dabei in Ihren eigenen Abdrücken im Sand, so ist das Pech. Der Ball muss gespielt werden, wie er liegt[31], oder Sie können ihn für unspielbar erklären (mit 1 STRAFSCHLAG, siehe vorn).

Haben Sie den Ball so geschlagen, dass er weiter vorne im selben Bunker liegt, so dürfen Sie Ihre Spuren zwar rechen, bevor Sie den nächsten Schlag spielen, jedoch den Sand noch immer nicht mit dem Schläger berühren (d. h. keine Probeschwünge mit Sandberührung)[32].

Ball ins Aus gespielt/verlorener Ball. Haben Sie Ihren Ball vom Bunker ins Aus geschlagen oder an eine Stelle, wo er nicht gefunden werden kann, so ist der Ball im Sinn der Regel verloren: Sie müssen mit 1 Strafschlag einen neuen Ball an der Stelle des letzten Schlags fallen lassen[33] – in diesem Fall wäre das erneut im Bunker. Bevor Sie den Ball fallen lassen, dürfen Sie nun allerdings den Sand rechen[34].

Mehrfachberührung. Sollten Sie Ihren Ball beim Schlag mehr als einmal treffen, so müssen Sie dem Schlag 1 Strafschlag hinzuzählen[35].

Rechen. Bitte nehmen Sie sich beim Rechen Zeit und ebnen Sie Ihre Spuren im Sand sehr sorgfältig ein – schließlich sind Sie auch froh, wenn Sie Ihren Ball nicht aus einer flüchtig gerechten Dünenlandschaft oder womöglich sogar aus den Fußabdrücken vorangegangener Spieler schlagen müssen. Sollte kein Rechen vorhanden sein, so können Sie Ihre Spuren notfalls auch mit einem Schläger einebnen.

Beachten Sie auch die Anweisungen des Golfclubs in Bezug auf das Ablegen des Rechens: Auf manchen Plätzen sind die Rechen im Bunker abzulegen, auf anderen außerhalb und auf wieder anderen sind sie auf dem Golfcart mitzuführen. Wenn der Rechen im Bunker abzulegen ist, so ist es am sinnvollsten ihn in einem 90°-Winkel vom Bunkerrand abzulegen. Auf keinen Fall sollte der Rechen in die Mitte des Bunker geworfen werden.

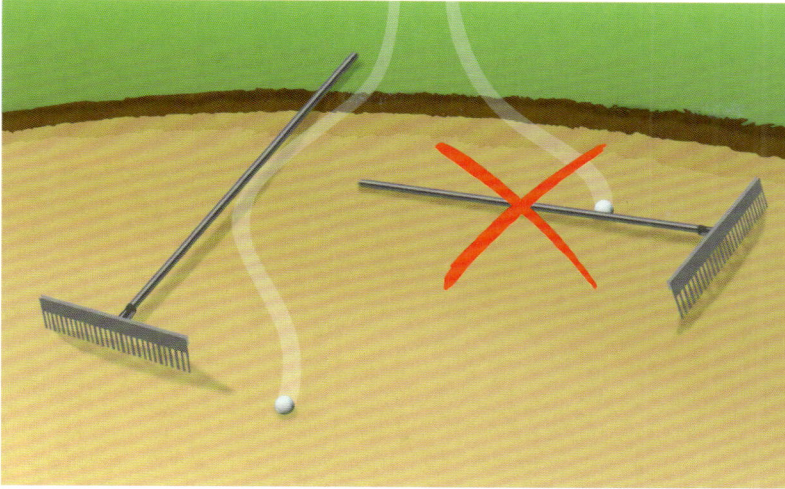

Rechen ablegen. *Wird der Rechen im Bunker abgelegt, so sollte er mit dem Stiel an der Bunkerkante abgelegt werden, so dass man ihn bequem vom Rand aus aufnehmen kann. Zudem ist es am sinnvollsten den Rechen im 90-Grad-Winkel von der Bunkerkante auszurichten, damit keine Bälle nahe der Bunkerkante hängenbleiben, sondern immer alle in den flachen Teil des Bunkers ausrollen können.*

1 Erklärung „Bunker".

2 Entscheidung 13-4/22.

3 Regel 22.

4 Regel 20-3.b.

5 Regel 12-2.

6 Regel 15-3.

7 Erklärung „Belehrung".

8 Entscheidung 8-1/2.

9 Regel 8-1.

10 Regel 8-2.a.

11 Regel 13-4.a. und b.

12 Entscheidung 13-4/20.

13 Regel 13-4.b.

14 Erklärung „Ansprechen des Balls".

15 Regel 18-2.b.

16 Regel 20-7.c. i.V.m. Regel 18.

17 Regel 13-4.c. und 23.1.

18 Regel 24-1.

19 Ausnahme 1.a. zu Regel 13-4.

20 Regel 24-1.

21 Regel 20-3.d.(II).

22 Regel 24-2.

23 Regel 25-1.b.

24 Ebenda.

25 Regel 13-1.

26 Regel 28.

27 Regel 15-3.b.

28 Ebenda.

29 Regel 19-1.

30 Regel 19-2.b.

31 Regel 13-1.

32 Ausnahme 2. zu Regel 13-4.

33 Regel 27-1.

34 Regel 20-5. i.V.m. Ausnahme 2. zu Regel 13-4. Siehe auch Entscheidung 13-4/37.

35 Regel 14-4.

8. Im Wasserhindernis

Markierung. Gewöhnliche, „frontale" Wasserhindernisse sind durch gelbe Pfähle oder Linien gekennzeichnet, seitliche Wasserhindernisse demgegenüber durch rote Pfähle oder Linien[1].

Grenze. Ausschlaggebend für die Grenze des Wasserhindernisses sind allein die Linien bzw. bei Begrenzungspfählen, deren geradlinige Verbindung (Linien haben Vorrang vor Pfählen). Ob innerhalb dieser Grenze tatsächlich Wasser vorhanden ist, spielt keine Rolle; die Unterscheidung „nass - trocken" ist somit kein brauchbares Kriterium.

Ein einziger Wasserlauf kann gleichzeitig ein frontales und ein seitliches Wasserhindernis bilden, wenn diese ineinander übergehen.

Ein Ball liegt im Wasserhindernis, wenn er dessen Grenze berührt (er muss also nicht in vollem Umfang darin liegen). Dabei stehen die Markierungspfähle selbst im Hindernis, d.h. die Grenze verläuft außen[2].

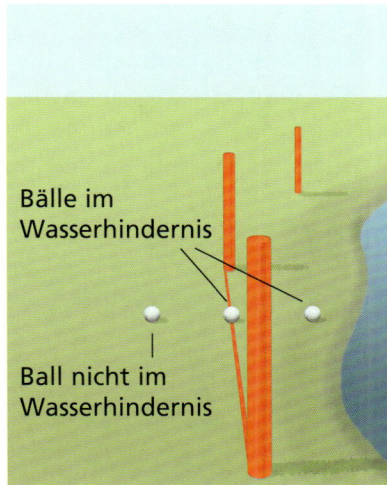

Bälle im Wasserhindernis

Ball nicht im Wasserhindernis

Wasserhindernisgrenze.
Der Ball liegt im Wasserhindernis, wenn er dessen Grenze berührt.
NB: Die offiziellen Regeln kennen den Begriff „frontal" nicht, sondern unterscheiden nur in Wasserhindernisse und seitliche Wasserhindernisse. Der Begriff „frontal" wird in diesem Buch aber durchgehend verwendet, weil er zweckmäßig ist und dem Sprachgebrauch entspricht.

Vorsicht. Wenn Sie ein Wasserhindernis betreten, achten Sie bitte darauf, dass Sie die Böschung nicht beschädigen und evtl. brütende Vögel nicht stören. Golfwagen und -taschen sollten Sie außerhalb abstellen. Biotope und Naturschutzgebiete dürfen unter keinen Umständen betreten werden.

Achtung: Wenn Sie nahe an ein Wasserhindernis herantreten, besteht die Gefahr auszurutschen. Zudem muss in manchen Gegenden mit Alligatoren gerechnet werden.

Ball nur vielleicht im Wasserhindernis. Ist Ihr Ball lediglich *in Richtung* Wasserhindernis geflogen und verschwunden, doch besteht keine Gewissheit, dass er tatsächlich darin gelandet ist, so ist er als gewöhnlicher, außerhalb eines Wasserhindernisses verlorener Ball zu behandeln. Sie müssen zurückgehen zur Stelle, wo Sie den letzten Schlag gemacht haben und dort mit 1 STRAF-SCHLAG einen neuen Ball ins Spiel bringen, indem Sie ihn fallen lassen bzw. auf dem Abschlag erneut aufteen[3].

Im Wasserhindernis

Ball im Wasserhindernis: Wahlmöglichkeit. Liegt Ihr Ball im Wasserhindernis (d. h. er liegt sichtbar darin oder aber er ist verschwunden, doch es ist so gut wie sicher, dass der Ball nur darin und nicht anderswo zur Ruhe gekommen sein kann), so haben Sie grundsätzlich zwei Möglichkeiten:

1. **STRAFLOS den Ball im Wasserhindernis spielen, wie er liegt.** Sie spielen den Ball im Hindernis einfach, wie er liegt – unter Beachtung einiger Besonderheiten (siehe weiter unten)[4].

2. **Mit 1 STRAFSCHLAG außerhalb des Wasserhindernisses droppen.** Sie verfahren nach der Wasserhindernisregel und lassen mit 1 STRAFSCHLAG einen Ball außerhalb des Hindernisses fallen (siehe sogleich)[5].

Ball spielen, wie er liegt.
Diese Variante kommt dann in Betracht, wenn der Ball gefunden wird und in der Uferzone liegt oder das Wasserhindernis völlig ausgetrocknet ist. Doch Vorsicht: Handelt es sich beim betreffenden Wasserhindernis um ein geschütztes Biotop, das nicht betreten werden darf, so fällt diese Möglichkeit weg und Sie müssen mit 1 Strafschlag droppen.

Schläger nicht aufsetzen!

Wasserhindernisregel.
Das Verfahren nach der Wasserhindernisregel kommt dann in Betracht, wenn der Ball im Wasserhindernis schlecht liegt, darin verloren ist oder ganz einfach nicht gespielt werden darf.

Wasserhindernisregel. In den meisten Fällen ist der Ball im Wasserhindernis versunken und es bleibt dem Spieler nichts anderes übrig, als nach der Wasserhindernisregel vorzugehen und dabei 1 STRAFSCHLAG in Kauf zu nehmen. Doch selbst wenn der Ball im Wasserhindernis gefunden wird, ist es wegen der erschwerten Umstände und des mit dem Schlag verbundenen Risikos, oftmals sinnvoller, einen Ball gemäß der Wasserhindernisregel zu droppen. Sie haben dann folgende Möglichkeiten:

1. Mit 1 STRAFSCHLAG einen Ball auf der rückwärtigen Verlängerung der Linie Loch–Kreuzungspunkt (Punkt, wo der Ball die Grenze des Wasserhindernisses zuletzt gekreuzt hat) in beliebiger Entfernung fallen lassen[6].
2. Mit 1 STRAFSCHLAG so nahe wie möglich der Stelle, wo der letzte Schlag gemacht wurde, einen Ball fallen lassen. Auf dem Abschlag darf der Ball erneut aufgeteet werden[7].

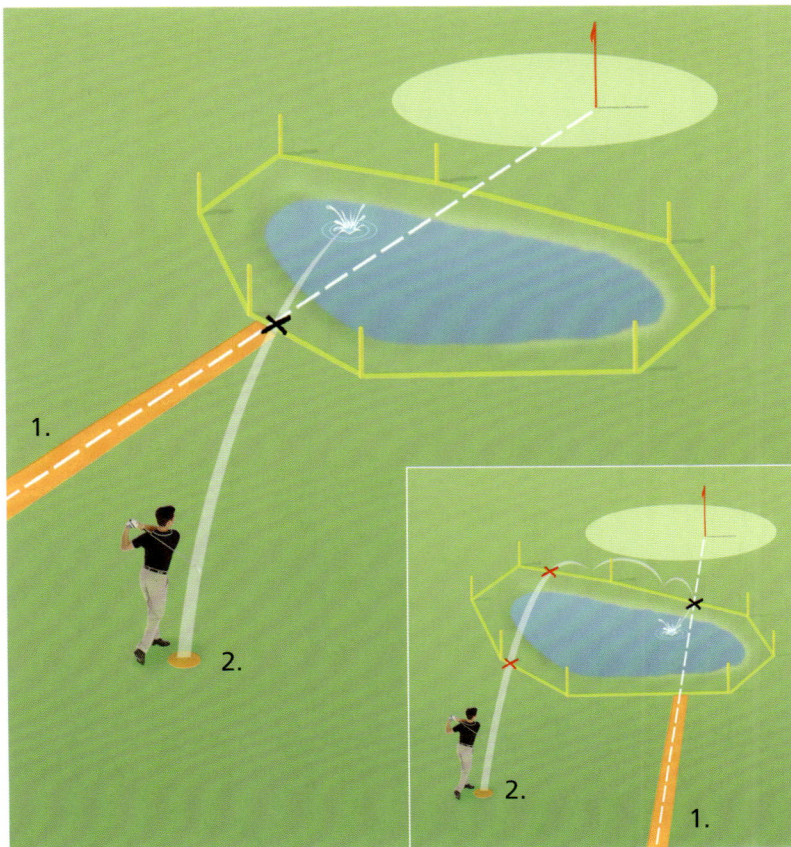

Frontales Wasser. Grundsätzlich darf ein Ball im Wasserhindernis immer gespielt werden, wie er liegt. Sodann stehen dem Spieler im Fall eines gewöhnlichen, frontalen Wasserhindernisses (gelb) 2 Möglichkeiten des Droppens außerhalb des Hindernisses zur Verfügung – jeweils verbunden mit 1 Strafschlag.

Es ist möglich, dass ein Ball die Grenze eines Wasserhindernisses mehrmals kreuzt. Ausschlaggebend ist der Punkt, an dem der Ball die Grenze des Wasserhindernisses zuletzt gekreuzt hat.

Hat der Ball zuletzt die Grenze eines *seitlichen* Wasserhindernisses gekreuzt, so haben Sie zwei weitere Möglichkeiten[8]:

3. Mit 1 STRAFSCHLAG einen Ball innerhalb von 2 Schlägerlängen vom Kreuzungspunkt, nicht näher zum Loch fallen lassen.
4. Mit 1 STRAFSCHLAG einen Ball innerhalb von 2 Schlägerlängen entsprechend vom Kreuzungsgegenpunkt (Punkt, welcher dem Kreuzungspunkt auf der anderen Seite des seitlichen Wasserhindernisses in gleicher Entfernung zum Loch gegenüberliegt) fallen lassen.

Seitliches Wasser. *Beim seitlichen Wasserhindernis (rot) stehen dem Spieler grundsätzlich die selben Möglichkeiten zur Verfügung, wie beim frontalen Wasserhindernis (gelb). Zusätzlich kann der Spieler seinen Ball aber auch noch an zwei weiteren Orten außerhalb des Wasserhindernisses droppen – wiederum jeweils verbunden mit 1 Strafschlag.*

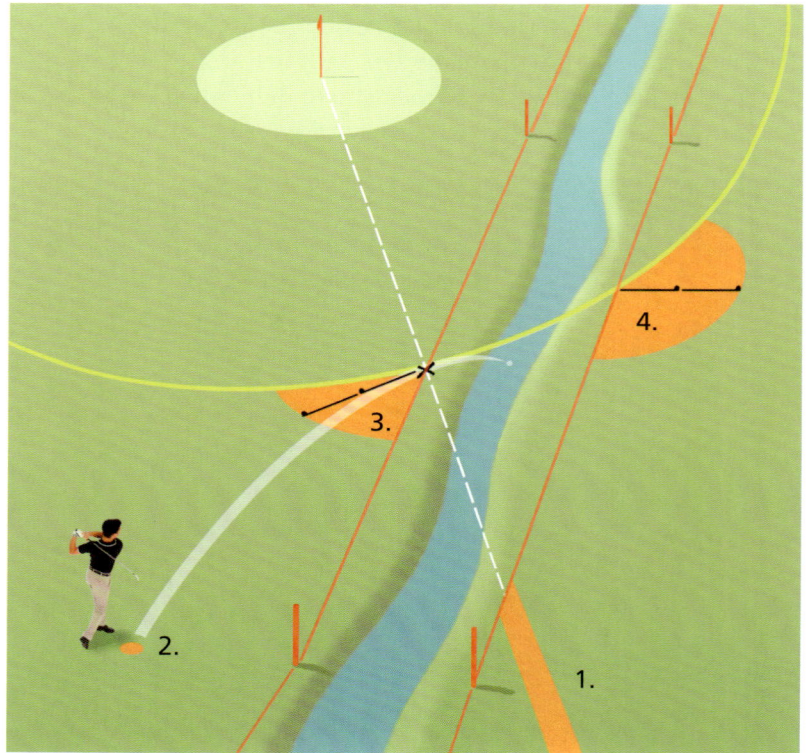

NB: Die Möglichkeit, einen Ball auf der sog. Fluglinie fallen zu lassen, ist von den Regeln nicht vorgesehen.

Dropping Zone. Es kommt vor, dass die Spielleitung eine besondere Fläche zum Fallenlassen vorsieht und entsprechend kennzeichnet (sog. Dropping Zone). Diese Fläche steht dem Spieler dann als *zusätzliche* Möglichkeit zur Verfügung.

Ball im Wasserhindernis spielbar. Es kann durchaus sein, dass ein Ball innerhalb der Grenzen des Wasserhindernisses zur Ruhe kommt und spielbar liegt. Dann kann man einen Strafschlag sparen, indem man den Ball einfach spielt, wie er liegt. Dabei gilt es jedoch einige Punkte zu beachten (siehe unten).

Aus dem Wasserhindernis spielen. Wenn ein Ball im Wasserhindernis gut liegt, kann es durchaus Sinn machen, ihn zu spielen. Der Ball muss allerdings tatsächlich einfach gespielt werden, wie er liegt, denn im Wasserhindernis gibt es so gut wie keine Erleichterung. Zudem darf vor dem Schlag weder Boden noch Wasser berührt werden.

Ball identifizieren. Falls Sie nicht erkennen können, ob es sich beim gefundenen Ball um den Ihren handelt, dürfen Sie seine Lage kennzeichnen und den Ball zwecks Identifizierung aufnehmen. Vorher müssen Sie jedoch Ihren Zähler oder einen Mitspieler darüber informieren und ihm Gelegenheit geben, das ganze Prozedere zu beobachten, sonst erhalten Sie 1 STRAFSCHLAG[9]. Ist der Ball verdreckt, so ist ein wenig Freikratzen, soweit zum Identifizieren nötig, erlaubt. Anschließend muss der Ball in genau dieselbe Lage zurückgelegt werden, d. h. die ursprüngliche Lage muss unter Umständen wieder hergestellt werden[10].

Bälle dicht beieinander. Sollten zwei Bälle so dicht beieinander liegen, dass sie sich gegenseitig beim Spielen behindern, so darf ein Ball markiert und aufgenommen werden, bis der andere gespielt ist. Anschließend ist der Ball ganz genau in seine ursprüngliche Lage zurückzulegen[11].

Belehrung und Spiellinie. Nach der Fahnenposition, der Lage von weiteren Hindernissen, Ausgrenzen oder anderen allgemein zugänglichen Informationen, wie z. B. den Regeln dürfen Sie jederzeit fragen[12]. Ebenfalls erlaubt ist es, nach Distanzen z. B. vom Ball bis zum Grün zu fragen. Nicht erlaubt hingegen sind Tipps zur Schlägerwahl oder über die Spielweise, denn das wäre Belehrung[13]. Das Erbitten oder Erteilen von Belehrung kostet 2 STRAFSCHLÄGE[14].

Falls Sie die Fahne nicht sehen können, dürfen Sie sich die Spiellinie von einem Mitspieler angeben lassen. Der Mitspieler muss jedoch diese Linie verlassen, bevor Sie Ihren Schlag spielen[15].

Ball spielen, wie er liegt. Wenn Sie Ihren Ball aus einem Wasserhindernis zu spielen beabsichtigen, so dürfen Sie die Beschaffenheit des Hindernisses vor dem Schlag nicht prüfen. Sie dürfen weder den Boden noch das Wasser darin berühren. Insbesondere dürfen Sie den Schläger vor dem Schlag nicht aufsetzen und beim Rückschwung weder Boden noch Wasser berühren. Bei einem Verstoß erhalten Sie 2 STRAFSCHLÄGE[16].

Erlaubt ist es hingegen, beim Ansprechen hohe Gräser zu berühren, sofern der Schläger nicht am Boden aufgesetzt wird. Zudem dürfen Schläger im Wasserhindernis abgelegt werden. Falls Sie Boden oder Wasser berühren infolge oder zur Vermeidung eines *Sturzes,* so bleibt das ausnahmsweise STRAFLOS[17].

Keine Bodenberührung im Wasserhindernis.
Weder Boden noch Wasser darf im Wasserhindernis vor dem Schlag berührt werden. Der Schläger darf also nicht aufgesetzt werden – hohe Gräser dürfen hingegen berührt werden.

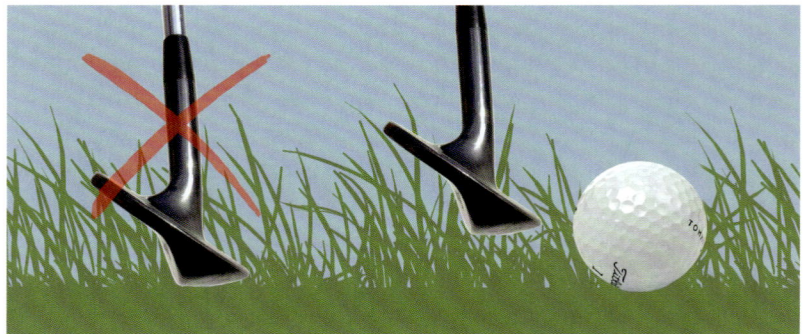

Probeschwung. Auch im Wasserhindernis dürfen Sie grundsätzlich Probeschwünge machen, doch dürfen Sie dabei weder Boden noch Wasser im Hindernis berühren[18]. Unter Umständen empfiehlt es sich daher, im Voraus einige Übungsschwünge außerhalb des Hindernisses zu machen.

Ball beim Ansprechen bewegt. Bewegt sich Ihr Ball, nachdem Sie ihn angesprochen haben (d. h. Stand eingenommen, ohne den Schläger aufzusetzen[19]), so gilt er als von Ihnen bewegt, und Sie müssen ihn mit 1 STRAFSCHLAG zurücklegen[20]. Wenn Sie ihn nicht zurücklegen, erhalten Sie 2 STRAFSCHLÄGE wegen Spielens von falschem Ort[21].

Lose hinderliche Naturstoffe. Lose hinderliche Naturstoffe, wie Zweige, Blätter, Steine usw. dürfen Sie im Wasserhindernis *nicht* entfernen oder berühren, sonst erhalten Sie 2 STRAFSCHLÄGE[22].

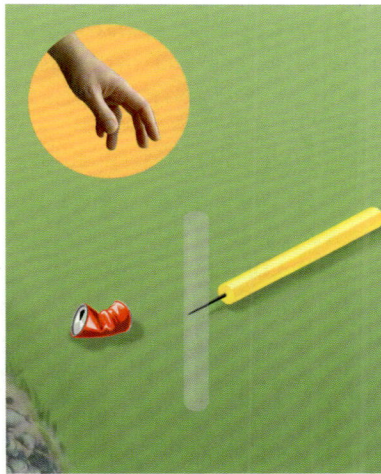

Lose Naturstoffe und bewegliche Hemmnisse.
Lose Naturstoffe, wie Steine, Blätter, Zweige usw. dürfen im Wasserhindernis nicht entfernt werden.
Bewegliche Hemmnisse (künstlich) dagegen, wie die Markierungspfähle, dürfen Sie herausziehen. Wichtig ist nur, dass Sie sie nach dem Schlag genau wieder an dieselbe Stelle zurückstecken.

Hemmnisse. *Bewegliche* Hemmnisse, dürfen im Wasserhindernis in erwähnter Weise (siehe Kapitel „Gelände") STRAFLOS entfernt werden[23]. Wird dabei Boden oder Wasser im Hindernis berührt, so bleibt das STRAFLOS[24]. Bewegt sich dabei der Ball, so ist er STRAFLOS zurückzulegen[25].
Von *unbeweglichen* Hemmnissen, wie Brücken, Rohren usw. erhalten Sie im Wasserhindernis hingegen KEINE STRAFLOSE Erleichterung[26]. Wird der Ball gespielt, wie er liegt, so darf aber immerhin mit dem Schläger das Hemmnis berührt werden (z. B. Schläger auf einer Brücke aufsetzen).

Ungewöhnlich beschaffener Boden. Von Pfützen, B.i.A. und Tierspuren gibt es im Wasserhindernis KEINE STRAFLOSE Erleichterung[27]. Der Ball muss gespielt werden, wie er liegt, oder er kann nach der Wasserhindernisregel gedroppt werden (mit 1 STRAFSCHLAG, siehe vorn).

Unspielbare Lage. Im Wasserhindernis können Sie Ihren Ball *nicht* für unspielbar erklären[28]. Befindet sich Ihr Ball in einer unspielbaren Lage, so können Sie anstatt ihn zu spielen auch einfach nach der Wasserhindernisregel vorgehen (mit 1 STRAFSCHLAG, siehe vorn).

Ball trifft nicht zum Spiel Gehöriges/Spielzufall. Trifft Ihr Ball einen Markierungspfahl oder etwas anderes „nicht zum Spiel Gehöriges", so gilt das als Spielzufall, ist STRAFLOS und Sie müssen mit Ihrem Ball weiterspielen, wie er liegt[29].

Ball trifft Spieler selbst oder Ausrüstung. Treffen Sie mit dem Ball sich selbst oder Ihre Ausrüstung (Golfbag, Elektrocart usw.), so erhalten Sie 1 STRAFSCHLAG und der Ball muss gespielt werden, wie er liegt[30].

Ball nicht aus Wasserhindernis herausbekommen. Haben Sie einen Schlag im Wasserhindernis gespielt, jedoch den Ball nicht herausbekommen und ihn z. B. vollends im Wasser versenkt, so zählt dieser Schlag selbstverständlich, doch haben Sie noch immer die Möglichkeit, nach der Wasserhindernisregel vorzugehen (mit 1 STRAFSCHLAG, siehe vorn)[31]. Als Stelle des letzten Schlags gilt dann nicht nur die Stelle des letzten Schlags *im* Wasserhindernis, sondern Sie könen wahlweise auch zur Stelle zurück, wo Sie den letzten Schlag *außerhalb* des Wasserhindernisses gespielt haben.

Ball ins Aus gespielt/verlorener Ball. Haben Sie Ihren Ball im Wasserhindernis gespielt und ins Aus geschlagen oder an eine Stelle, wo er nicht gefunden werden kann, so ist der Ball im Sinn der Regel verloren: Sie müssen mit 1 STRAFSCHLAG einen neuen Ball an der Stelle des letzten Schlags fallen lassen – in diesem Fall wäre das erneut im Wasserhindernis. Sie können jedoch auch 1 WEITEREN STRAFSCHLAG (Total 2 STRAFSCHLÄGE) in Kauf nehmen und nach der Wasserhindernisregel vorgehen (siehe vorn)[32].

Mehrfachberührung. Sollten Sie Ihren Ball beim Schlag mehr als einmal treffen (z. B. weil Sie mit dem Schläger hängen bleiben), so müssen Sie dem Schlag 1 STRAFSCHLAG hinzuzählen[33].

Kein provisorischer Ball. Wenn Sie Ihren Ball in ein Wasserhindernis geschlagen haben, besteht *nicht* die Möglichkeit, einen provisorischen Ball zu spielen[34]. (Dies wäre auch völlig unnütz, ist doch der provisorische Ball zur Zeitersparnis gedacht – insbesondere, um Ihnen das Zurückgehen zu ersparen. Beim Wasserhindernis haben Sie jedoch die Möglichkeit, vorne, wo der Ball ins Hindernis geflogen ist, zu droppen, womit sich ein Zurückgehen in den meisten Fällen erübrigt.)

Zusammenfassung. Zusammenfassend kann festgestellt werden, dass vieles, was sonst erlaubt ist, im Wasserhindernis nicht zulässig ist. Als Spieler müssen Sie sich jedoch diese Ausnahmen nicht alle merken, denn in 98% der Fälle ist Ihr Ball im Wasserhindernis versunken, d. h. es bleibt Ihnen gar nichts anderes übrig als nach der Wasserhindernisregel vorzugehen (mit 1 Strafschlag, siehe vorn).

Die zahlreichen Ausnahmen kommen nur in jenem seltenen Fall zur Anwendung, wenn Sie Ihren Ball im Wasserhindernis vorfinden und sich entscheiden, ihn zu spielen, wie er liegt. Doch auch dann können Sie eigentlich gar nichts falsch machen, wenn Sie einfach zwei Dinge beherzigen: Berühren Sie vor dem Schlag weder Boden noch Wasser im Hindernis und spielen Sie den Ball wirklich nur gerade so, wie er liegt, d. h. fassen Sie nichts an und versuchen Sie nicht in irgendeiner Form Erleichterung zu nehmen – einzig die Markierungspfähle dürfen entfernt werden.

1 Anmerkung 1 zu Erklärung „Wasserhindernis" und Anmerkung 1 zu Erklärung „Seitliches Wasserhindernis".
2 Erklärung „Wasserhindernis" i.V.m. „Seitliches Wasserhindernis".
3 Regel 26-1 i.V.m. 27-1. i.V.m. 20-5.
4 Regel 13-1. und 4.
5 Regel 26-1.
6 Regel 26-1.b.
7 Regel 26-1.a. i.V.m. 20-5.
8 Regel 26-1.c.
9 Regel 12-2.
10 Regel 20-3.b.
11 Regel 22.
12 Erklärung „Belehrung".
13 Entscheidung 8-1/2.
14 Regel 8-1.
15 Regel 8-2.a.
16 Regel 13-4.a. und b.
17 Ausnahme 1. und Anmerkung zu Regel 13-4.
18 Regel 13-4.b.
19 Erklärung „Ansprechen des Balls".
20 Regel 18-2.b.
21 Regel 20-7.c. i.V.m. Regel 18.
22 Regel 13-4.c. und 23.1.
23 Regel 24-1.
24 Ausnahme 1.a. zu Regel 13-4.
25 Regel 24-1.
26 Regel 24-2.b.
27 Regel 25-1.b.
28 Regel 28.
29 Regel 19-1.
30 Regel 19-2.b.
31 Regel 26-2.a.
32 Regel 26.2.b.
33 Regel 14-4.
34 Rule 27-2.a.

9. Im Aus

Markierung. Das Aus (Out of Bounds) gehört im Sinn der Regeln nicht mehr zum Platz; es ist normalerweise mit weißen Pfosten, Linien, Zäunen, Mauern o. Ä. gekennzeichnet. Manchmal ist es aber auch nur in den Platzregeln festgelegt, ohne farblich markiert zu sein (z. B. „Die Straße entlang der Löcher ... gilt als Aus.").

Grenze. Ausschlaggebend für die Grenze des Aus sind allein die Begrenzungsmarkierungen bzw. bei Pfosten ihre geradlinige Verbindung.

Ein Ball ist im Aus, wenn er in vollem Umfang im Aus liegt[1]. Dabei stehen die Aus-Markierungen selbst bereits im Aus, d. h. die Grenze verläuft platzseitig.

Bälle nicht im Aus — Bälle im Aus

Platz — Aus

Tipp: Ob ein Ball im Aus liegt, bestimmen Sie am besten, indem Sie hinter einen Pfosten gehen und diesen in dieselbe Ebene mit dem nächsten Pfosten bringen. Achten Sie auch auf Ausgrenzen, welche in den Platzregeln vermerkt sind und möglicherweise nicht farblich gekennzeichnet sind.

Bitte denken Sie daran, dass es keinen Sinn macht, im Aus lange nach Bällen zu suchen.

Ball im Aus. Ein Ball, der im Aus liegt, darf nicht gespielt werden; er ist im Sinne der Regeln verloren[2]. Sie haben nur eine einzige Möglichkeit: Sie müssen einen neuen Ball ins Spiel bringen, indem Sie zurückgehen zu der Stelle, wo Sie den letzten Schlag gemacht haben und mit 1 STRAFSCHLAG einen Ball fallen lassen. Auf dem Abschlag dürfen Sie wieder aufteen[3].

Haben Sie hingegen bereits einen provisorischen Ball gespielt, so wird dieser nun mit 1 STRAFSCHLAG zum Ball im Spiel[4].

Ball im Aus. Landet ein Ball im Aus, so hat der Spieler nur eine einzige Möglichkeit: Zurückgehen zur Stelle des letzten Schlags und mit 1 Strafschlag einen neuen Ball fallen lassen bzw. am Abschlag aufteen (Verlust von Schlag und Distanz).

NB: Es besteht insbesondere nicht die Möglichkeit, einen Ball an jener Stelle fallen zu lassen, wo der Ball die Grenze des Aus gekreuzt hat.

Spieler im Aus, doch Ball auf dem Platz. Ein Spieler darf sehr wohl im Aus stehen, um einen Ball zu spielen, welcher nicht im Aus liegt.

Dabei dürfen lose hinderliche Naturstoffe[5] (Steine, Blätter usw.) und bewegliche Hemmnisse[6] (künstlich) im Aus STRAFLOS entfernt werden.

Von unbeweglichen Hemmnissen[7] und ungewöhnlich beschaffenem Boden[8] (Pfützen, B.i.A., Tierspuren) im Aus gibt es hingegen KEINE STRAFLOSE Erleichterung. Das Entfernen eines Auspfostens hätte 2 STRAFSCHLÄGE zur Folge[9].

Achtung: Von Gegenständen, die das Aus markieren (Pfosten, Zäune, Netze, Mauern usw.), ob beweglich oder nicht, erhalten Sie nie Erleichterung.

Ball fliegt durchs Aus und landet auf dem Platz. Wenn Ihr Ball zwar ins Aus fliegt, jedoch am Ende wieder auf dem Platz zur Ruhe kommt (z. B. der Ball prallt im Aus ab und fliegt zurück auf den Platz), so ist der Ball im Sinn der Regeln nicht verloren. Ausschlaggebend ist, wo der Ball zur Ruhe kommt.

Provisorischer Ball. Ist Ihr ursprünglicher Ball in Richtung Aus geflogen oder in eine Richtung, wo er unauffindbar sein könnte, so haben Sie in der Regel einen provisorischen Ball gespielt. Liegt Ihr ursprünglicher Ball dann tatsächlich im Aus oder wird er nicht innerhalb von 5 Minuten gefunden, so wird der provisorische Ball mit 1 STRAFSCHLAG zum Ball im Spiel.

Wenn Sie Ihren ursprünglichen Ball hingegen finden und er noch auf dem Platz liegt, so *müssen* Sie mit diesem Ball weiterspielen. Sie haben *nicht* die Wahlmöglichkeit, mit Ihrem provisorischen Ball weiterzuspielen – selbst wenn der ursprüngliche Ball schlecht und der provisorische traumhaft gut liegen sollte. Insbesondere können Sie den ursprünglichen Ball nicht per Deklaration „aufgeben". Der provisorische Ball *muss* aufgenommen werden und darf unter keinen Umständen mehr gespielt werden (ansonsten droht DISQUALIFIKATION wegen Spielen eines falschen Balls). Die Schläge mit dem provisorischen Ball zählen nicht.

Selbst wenn der ursprüngliche Ball so schlecht liegt, dass er praktisch unspielbar ist, kann der provisorische Ball nicht zum Ball im Spiel erklärt werden. Wenn Sie beschließen, Ihren ursprünglichen Ball unspielbar zu erklären, müssen Sie strikt nach der Unspielbarkeitsregel vorgehen und gegebenenfalls sogar noch einmal zur Stelle des letzten Schlags zurückkehren.

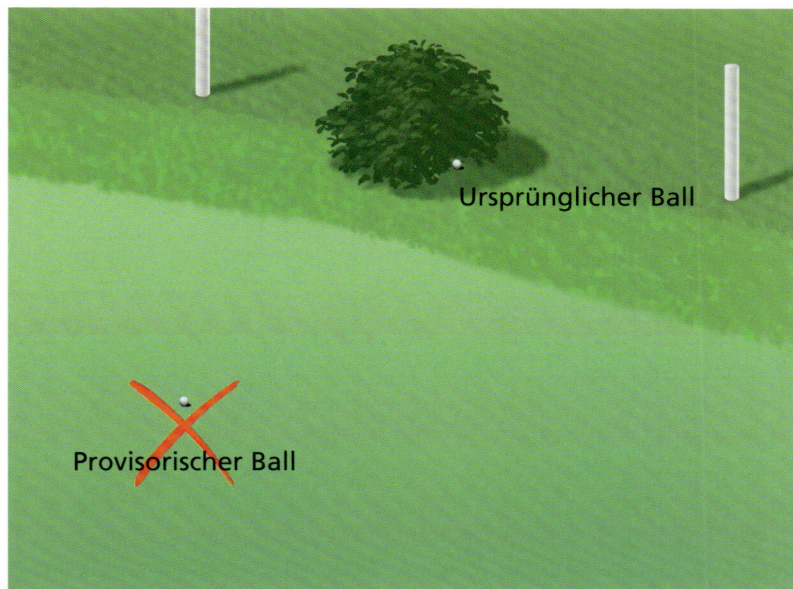

Ursprünglicher Ball

Provisorischer Ball

Provisorischen Ball aufgeben.
Wenn der ursprüngliche Ball innerhalb von 5 Minuten auf dem Platz gefunden wird, so muss mit diesem weitergespielt werden. Nichts kann in dieser Situation den provisorischen Ball zum Ball im Spiel machen.

1 Erklärung „Aus".
2 Erklärung „Verlorener Ball".
3 Regel 27-1. i.V.m. Regel 20-5.
4 Regel 27-2.b.
5 Regel 23-1.
6 Regel 24-1.
7 Erklärung „Hemmnisse".
8 Regel 25-1.a.
9 Regel 13-2.

10. Auf dem Grün

Grün und Vorgrün. Als Grün bezeichnet man die kurz gemähte Rasenfläche ums Loch, welche besonders gehegt wird und auf der geputtet wird. Ein Ball befindet sich auf dem Grün, wenn er es berührt[1].

Das Vorgrün gehört im Sinn der Regeln nicht zum Grün, sondern gilt als Gelände (siehe dort, S. 93ff.), d. h. ein Ball auf dem Vorgrün darf *nicht* automatisch markiert, aufgenommen und gereinigt werden[2].

Platzieren der Ausrüstung. Golftaschen und -wagen sollten außerhalb des Grüns in Richtung des nächsten Abschlags abgestellt werden. Platzieren Sie Ihre Ausrüstung am besten auch dort, wenn sich Ihr Ball in einem Grünbunker oder der näheren Umgebung des Grüns befindet und nehmen Sie nur Sand Wedge, Pitching Wedge und Putter mit zum Ball. (Wenn Sie in der Folge Ihren Ball auf das Grün gespielt haben und nur noch den Putter benötigen, empfiehlt es sich, die Wedges auf die herausgenommene Fahne zu legen oder auf jenen Teil des Grüns, wo es zum nächsten Abschlag geht. So vermeiden Sie ein häufiges Missgeschick, nämlich, dass Sie Ihre Schläger liegen lassen.)

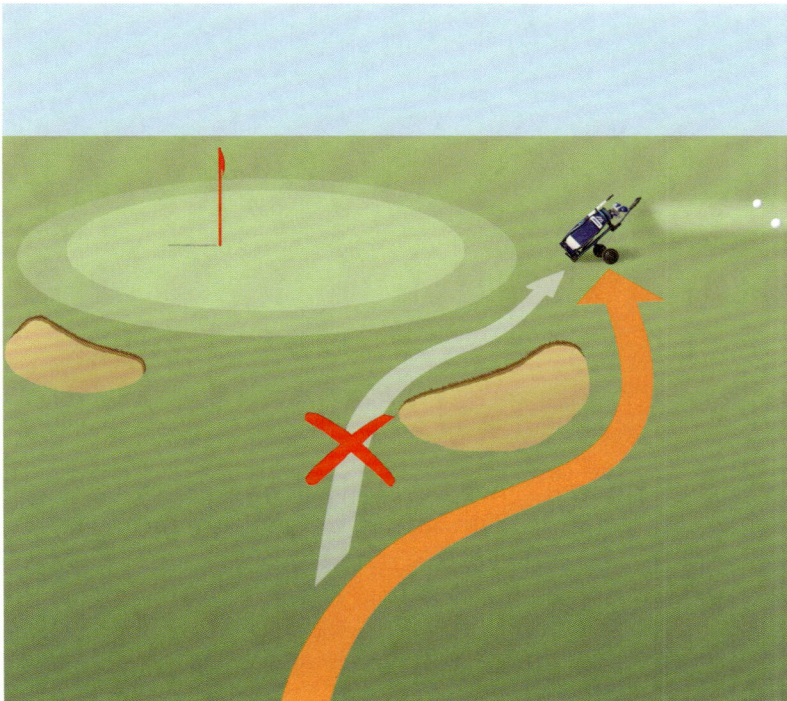

Schonung des Grüns und seiner Umgebung. Zur Schonung sollten Golftaschen und -wagen weder auf das Grün noch auf das Vorgrün gestellt werden. Auch die Flächen zwischen Bunker und Grünrand bedürfen besonderer Schonung; ziehen Sie Ihren Golfwagen bitte nicht hier entlang.

Schonung und Pflege. Bitte achten Sie darauf, dass Sie das Grün nicht durch Spikesspuren beschädigen; insbesondere sollten Sie auf dem Grün nicht rennen und darauf achten, dass Sie beim Gehen die Füße nicht nachziehen. Auch Stampfen aus Ärger oder Freudensprünge sind hier unbedingt zu unterlassen. Zudem sollte man peinlich genau darauf achten, nicht die Puttlinie eines anderen Spielers und nach Möglichkeit auch nicht die eigene zu betreten.

Wenn Sie das Grün erreicht haben, sollten Sie als Erstes immer Ihr Balleinschlagloch (auch Pitchmark genannt) mit der so genannten Pitchgabel ausbessern. Sollte sich Ihr Ball im Grün eingebohrt haben, so dürfen Sie seine Lage markieren, ihn aufnehmen und das Einschlagloch ausbessern. Anschließend ist der Ball an seine ursprüngliche Lage zurückzulegen – das Ganze ist straflos[3]. (Hat sich der Ball hingegen im *Vorgrün* eingebohrt, so ist er straflos *fallen zu lassen*[4], siehe S. 103.)

Balleinschlaglöcher sollten so bald wie möglich repariert werden: Stechen Sie die Pitchgabel an mehreren Stellen um das Einschlagloch ein und ziehen Sie den Rasen zur Mitte zusammen. Sollten Sie keine Pitchgabel zur Hand haben, können Sie zur Not auch ein Tee verwenden. Zum Schluss empfiehlt es sich die Stelle mit dem Putter zu glätten. Bitte bücken Sie sich auch wegen Einschlaglöchern, welche andere Spieler übersehen oder auszubessern vergessen haben.

Auf dem Grün sollte nach Möglichkeit generell kein anderer Schläger als der Putter zum Spielen verwendet werden.

Ball markieren und zurücklegen. Auf dem Grün dürfen Sie die Lage Ihres Balls kennzeichnen, ihn sodann aufnehmen und reinigen[5]. Idealerweise sollte der Ball mit einer so genannten Ballmarke oder einer Münze markiert werden.

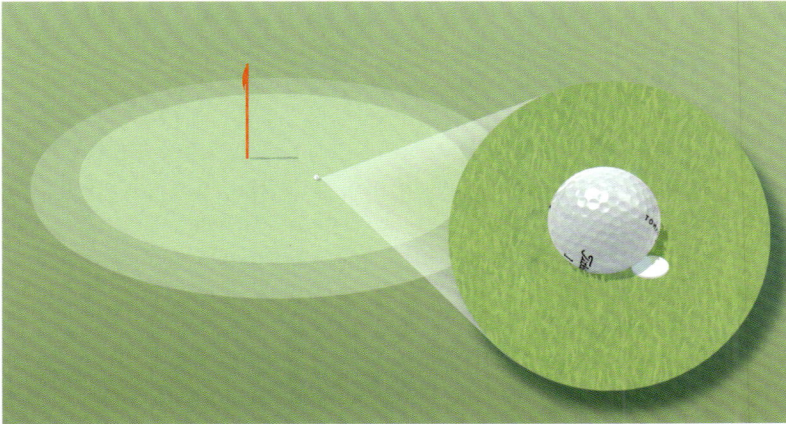

Ball markieren. *Am besten verwenden Sie zum Markieren des Balls eine spezielle Ballmarke, welche Sie unmittelbar hinter dem Ball ablegen. Es ist zwar zulässig, den Ball mit einem Tee, einer Pitchgabel o. Ä. zu markieren, aber nicht empfehlenswert.*
Beim Zurücklegen sollten Sie zuerst den Ball hinlegen und dann erst die Marke entfernen.

Es ist durchaus auch erlaubt, dass eine andere Person Ihren Ball markiert und aufnimmt (z. B. wenn Ihr Ball auf der Puttlinie eines anderen Spielers liegt, Sie jedoch noch damit beschäftigt sind, den Bunker zu rechen). Wer den Ball anschließend zurückzulegen hat ist großzügig geregelt: die Person, welche ihn aufgenommen hat oder der Spieler selbst[6].

Ball zur Seite markieren. Wenn eine Ballmarke ausgerechnet auf der Puttlinie eines anderen Spielers liegen sollte, empfiehlt es sich, die Marke zu versetzen, damit der Ball nicht abgelenkt werden kann[7]. (Wird ein Ball durch eine Ballmarke aufgehalten oder abgelenkt, so gilt dies als Spielzufall – der Schlag zählt und der Ball muss STRAFLOS weitergespielt werden, wie er liegt[8].)
Es ist sehr wichtig, daran zu denken, die Marke in der Folge an die ursprüngliche Stelle zurückzulegen. Falls sie nicht zurückgelegt wird und der Ball von der falschen Stelle gespielt wird: Der Schlag zählt, doch der Spieler erhält 2 STRAFSCHLÄGE wegen Spielens von falschem Ort[9].

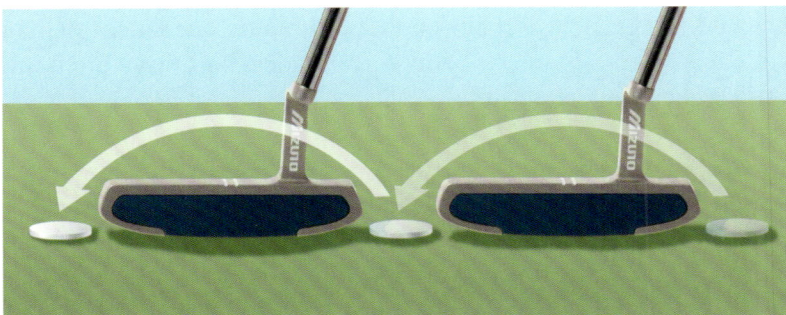

Marke versetzen. *Eine störende Ballmarke wird am besten um eine oder zwei Putterkopflängen verschoben. Richten Sie den Putter dabei auf ein unbewegliches Ziel aus, damit Sie hernach in der Lage sind, die Marke genau in der selben Richtung zurückzulegen.*

Ball oder Ballmarke bewegt. Bewegt sich Ihr Ball oder Ihre Ballmarke beim *Markieren, Aufnehmen oder Zurücklegen,* so ist dies STRAFLOS und der Ball bzw. die Marke muss zurückgelegt werden[10].

Bewegt sich der Ball hingegen beim *Ansprechen* oder infolge eines unvorsichtigen *Probeschwungs,* so muss der Ball ebenfalls zurückgelegt werden – allerdings mit 1 STRAFSCHLAG[11]. Wenn Sie ihn nicht zurücklegen, erhalten Sie 2 STRAFSCHLÄGE wegen Spielens von falschem Ort[12].

Kaputter Ball. Ist Ihr Ball eingekerbt, verformt oder sonst wie erheblich beschädigt (Kratzer reichen nicht), so dürfen Sie ihn markieren, aufnehmen und STRAFLOS ersetzen. Vorher müssen Sie allerdings einen Mitspieler informieren und ihm Gelegenheit zum Prüfen des Balls geben, sonst erhalten Sie 1 STRAFSCHLAG[13].

Ball spielunbrauchbar. Ein beschädigter Ball darf überall auf dem Platz straflos ausgewechselt werden. Vorher muss jedoch ein Mitspieler darüber informiert werden.

NB: Dieses Verfahren ist auf dem ganzen Platz erlaubt, kommt aber in der Praxis meistens nur auf dem Grün zur Anwendung.

Falscher Ball. Bemerken Sie, dass der Ball, welchen Sie gespielt haben, gar nicht der Ihre ist, so müssen Sie zurückgehen zur Stelle, wo Sie den Ball verwechselt haben und das Loch mit Ihrem richtigen Ball zu Ende spielen. Die Schläge, welche Sie mit dem falschen Ball gemacht haben, zählen nicht, doch erhalten Sie für Ihren Fehler 2 STRAFSCHLÄGE[14].

Wenn Sie mit dem falschen Ball einlochen und den Fehler nicht unmittelbar darauf beheben, werden Sie DISQUALIFIZIERT[15].

Machen Sie es sich deshalb zur Gewohnheit, vor jedem Schlag kurz zu prüfen, ob es sich beim betreffenden Ball tatsächlich um den eigenen handelt.

Spielfolge. Überall auf dem Platz ist immer derjenige Spieler an der Reihe, dessen Ball am weitesten vom Loch entfernt liegt[16]. Das gilt auch auf dem und ums Grün herum, unabhängig davon, ob z. B. ein Ball auf dem Grün liegt und ein anderer noch außerhalb.

Im Interesse der Zeitersparnis wird jedoch gerade hier oft von dieser offiziellen Reihenfolge abgewichen. Gedenkt ein Spieler außer Reihenfolge zu spielen, so sollte er dies stets vorher mit seinen Mitspielern absprechen. Das Spielen außer Reihenfolge ist STRAFLOS, sofern sich die Spieler nicht darüber abgesprochen haben, um einem von ihnen einen taktischen Vorteil zu gewähren (z. B. damit ein Spieler sieht, wie der Ball auf dem Grün läuft) – in diesem Fall wäre die Strafe DISQUALIFIKATION[17].

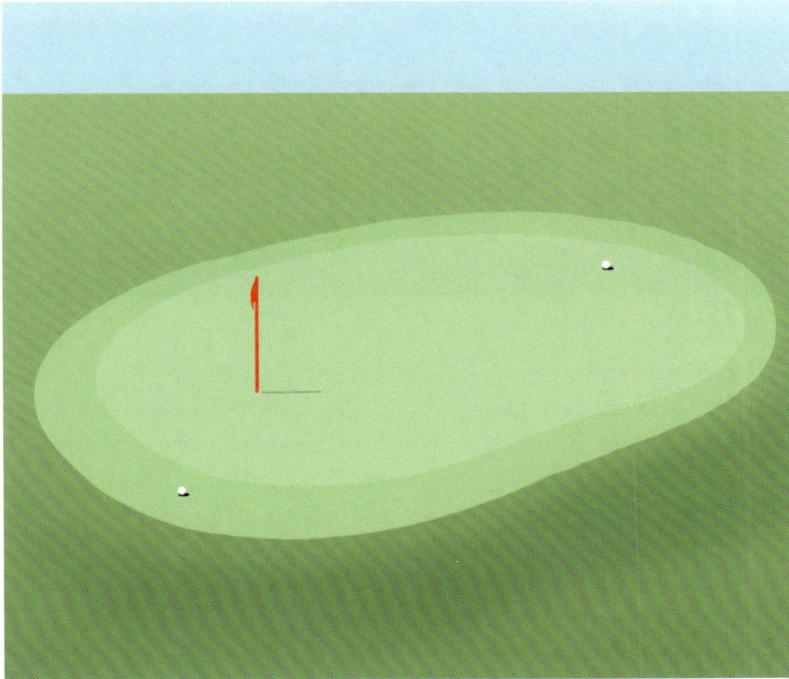

Abweichende Spielfolge. Im nebenstehenden Beispiel liegt der Ball rechts auf dem Grün und der Ball links noch außerhalb des Grüns, auf dem Vorgrün. Streng genommen müsste erst der Ball rechts gespielt werden, da er am weitesten vom Loch entfernt ist; dabei müsste man die Fahne aus dem Loch nehmen. In der Folge müsste man diese unter Umständen auf Wunsch des Spielers links wieder einstecken, um sie hernach erneut herauszunehmen. Im Interesse der Zeitersparnis wird deshalb in solchen Fällen oft von der offiziellen Reihenfolge abgewichen, bis alle Bälle auf dem Grün sind.

Auch wenn Sie selbst mit Spielen noch nicht an der Reihe sind, sollten Sie sich bereits auf Ihren Schlag vorbereiten, indem Sie Ihre Puttlinie lesen. Achten Sie jedoch darauf, dass sich der Spieler, welcher vor Ihnen an der Reihe ist, nicht dadurch gestört fühlt.

Belehrung und Puttlinie. Auskünfte über die Schnelligkeit des Grüns, seine Neigung, den Verlauf der Puttlinie usw. wären Belehrung[18]. Daher dürfen entsprechende Fragen nur an einen etwaigen *Caddie* oder *Teampartner* gerichtet werden[19]. Sollte ein Teampartner oder Caddie die Puttlinie angeben, so darf er dabei auf einen Punkt auf dem Grün zeigen, jedoch dabei auf keinen Fall das Grün berühren – sonst erhält der Spieler 2 STRAFSCHLÄGE[20].

Auf dem Grün

Aufenthaltsort. Während ein Spieler seinen Schlag spielt, darf sich niemand auf der rückwärtigen Verlängerung der Puttlinie befinden. Auch hinter dem Loch sollte sich niemand in der Verlängerung der Puttlinie aufhalten, da dies den Spieler in der Regel irritiert.

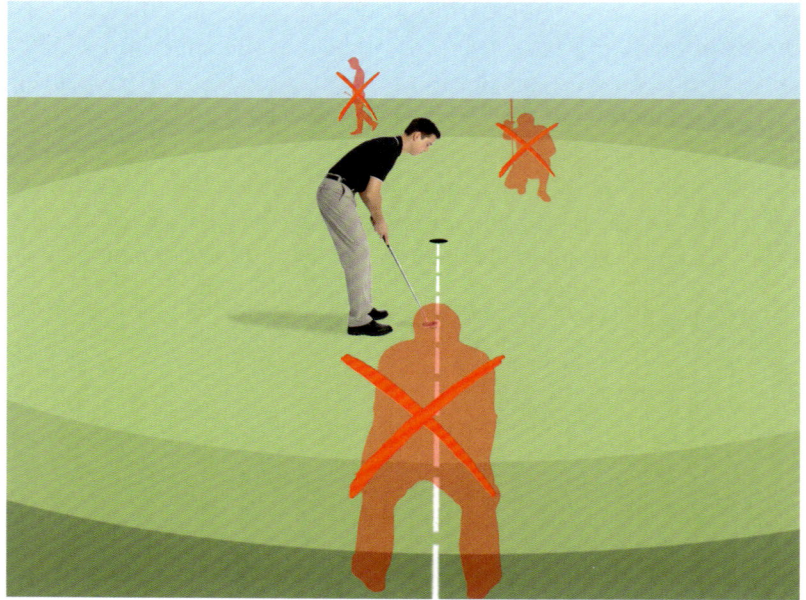

Ball spielen, wie er liegt. Die Puttlinie darf in der Regel nicht berührt und insbesondere nicht verbessert werden[21]. Ausgenommen ist das Reparieren von Balleinschlaglöchern und alten Lochpfropfen (das sind jene Stellen, an welchen sich das Loch früher einmal befunden hat)[22]. Möchten Sie solche auf der Puttlinie ausbessern, so ist es ratsam, zur Vorbeugung von Missverständnissen, vorher einen Mitspieler zu informieren. Spikesspuren auf der Puttlinie sind ärgerlich, dürfen aber nicht ausgebessert werden[23]. Sie sollten *nach* der Beendigung des Lochs mit dem Putter glatt gestrichen werden, damit die nachfolgenden Spieler ein makelloses Grün vorfinden.

Die Oberfläche des Grüns darf nicht geprüft werden, indem ein Ball probehalber gerollt oder die Grünoberfläche aufgeraut oder aufgekratzt wird[24]. Wohl aber dürfen Sie das Grün lesen, d. h. es nach Grasbeschaffenheit und Neigung von Auge betrachten und bewerten, um die ideale Puttlinie zu bestimmen.

Leichtfertiges Putten. Der Ball muss stets geschlagen werden — also nicht schieben oder ziehen, denn das würde mit 2 STRAFSCHLÄGEN bestraft. Er darf jedoch mit irgendeiner Seite des Schlägerkopfs geschlagen werden, so z. B. auch mit der Rückseite des Putters[25].

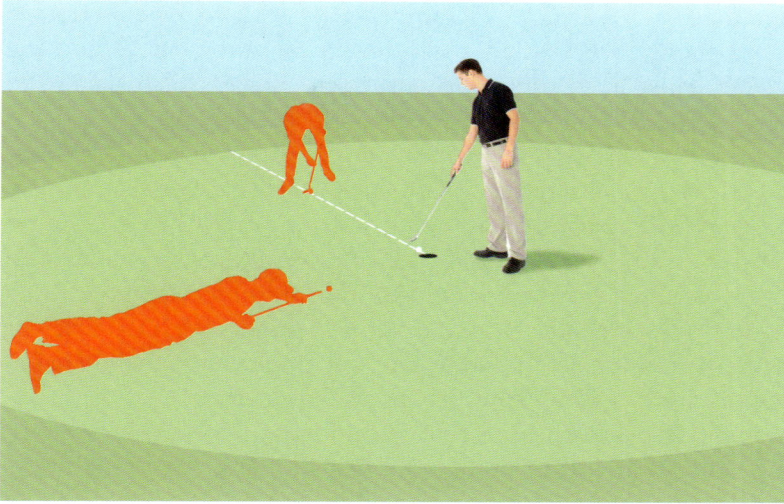

Keine Experimente. *Beim Putten muss der Ball stets mit dem Schlägerkopf geschlagen werden, d. h. es ist untersagt, den Schläger wie einen Billiardstock zu verwenden. Immerhin dürfen Sie jedoch irgendeine Seite des Schlägerkopfs verwenden, also auch dessen Spitze oder Rückseite.*
Keinesfalls erlaubt ist es, beim Putten rittlings über der Puttlinie oder ihrer rückwärtigen Verlängerung zu stehen (Krocket-Stil).

Lose hinderliche Naturstoffe. Lose Naturstoffe, wie Steine, Blätter, Zweige usw. dürfen auf dem Grün STRAFLOS entfernt werden[26]. Auf dem Grün gelten auch Erde und Sand als lose hinderliche Naturstoffe[27]. Sie dürfen einzeln aufgesammelt oder behutsam zur Seite gefegt werden – wobei jedoch auf der Puttlinie nichts niedergedrückt werden darf[28].

Bewegt sich der Ball beim Fortbewegen loser hinderlicher Naturstoffe, so ist dies auf dem Grün ausnahmsweise STRAFLOS und der Ball muss, wie immer, zurückgelegt werden[29] (sinnvoller ist es allerdings, vor dem Entfernen der Naturstoffe den Ball zu markieren und aufzunehmen, so kann er sich gar nicht erst bewegen).

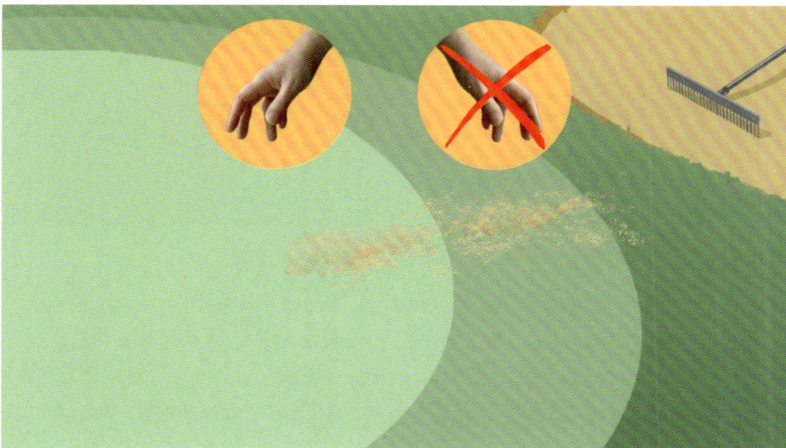

Lose Naturstoffe. *Sand und Erde gelten nur auf dem Grün als lose Naturstoffe. Somit darf über den Bunkerrand gespritzter Sand nur auf dem Grün straflos entfernt werden – auf dem Vorgrün und anderswo muss er liegen bleiben.*

Hemmnisse. *Bewegliche* Hemmnisse (künstlich) wie verlorene Handschuhe, Scorekarten usw. dürfen Sie auf dem Grün, wie überall sonst auch, STRAFLOS entfernen. Bewegt sich dabei der Ball, so ist er STRAFLOS zurückzulegen[30].

Auch von *unbeweglichen* Hemmnissen, erhalten Sie auf dem Grün STRAFLOSE Erleichterung – wenn auch unbewegliche Hemmnisse auf dem Grün praktisch nie vorzufinden sind. Nur in ganz seltenen Fällen sind auf sehr großen Grüns Sprinkler eingebaut. Von diesen erhalten Sie dann straflose Erleichterung, wenn Sie Ihren Stand, Schwung oder Ihre Puttlinie behindern[31]. Das Erleichterungsverfahren ist dasselbe wie bei ungewöhnlich beschaffenem Boden auf dem Grün[32] (siehe nächste Seite).

Beachten Sie jedoch, dass Sie von unbeweglichen Hemmnissen auf Ihrer *Spiellinie* (Linie, wenn der Ball noch außerhalb des Grüns liegt) keine Erleichterung erhalten[33].

Sprinkler. *Meistens sind Sprinkler außerhalb des Grüns, im Bereich des Vorgrüns angebracht. Da dieser Bereich im Sinn der Regeln als „Gelände" gilt, erhält der Spieler nur Erleichterung, wenn er durch den Sprinkler im Stand oder Schwung behindert ist. Liegt der Sprinkler, wie im nebenstehenden Bild, lediglich auf der Spiellinie, so muss der Ball gespielt werden, wie er liegt.*

(Läge der Ball hingegen auf dem Grün und der Sprinkler wäre auf der Puttlinie, so hätte der Spieler Anspruch auf straflose Erleichterung.)

Ungewöhnlich beschaffener Boden. Von ungewöhnlich beschaffenem Boden (Pfützen, B.i.A., Tierspuren) erhalten Sie auch auf dem Grün STRAFLOSE Erleichterung; und zwar nicht nur bei Behinderung von Stand oder Schwung, sondern auch, wenn der Umstand auf Ihrer Puttlinie liegt[34]. Dabei ist der nächstgelegene

Punkt zu bestimmen (nicht notwendigerweise auf dem Grün, aber keinesfalls in einem Hindernis), der die Behinderung soweit als möglich ausschließt und der Ball ist dort *hinzulegen* (genau dort und nicht innerhalb von 1 Schlägerlänge, wie dies im Gelände oder Bunker der Fall wäre)[35].

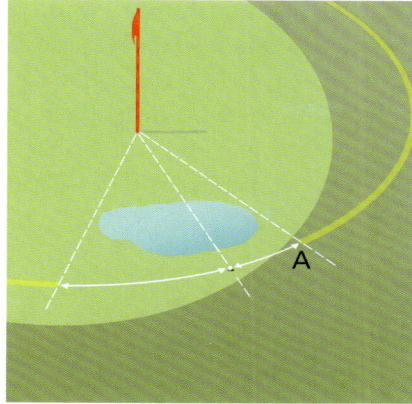

Pfütze auf dem Grün.
Punkt A ist der nächstgelegene Punkt, weshalb der Ball straflos dort hingelegt werden darf, auch wenn er dann nicht mehr auf dem Grün liegt.
Läge der Ball noch außerhalb des Grüns, so müsste er gespielt werden, wie er liegt, da sich in dem Fall die Pfütze lediglich auf der Spiellinie und nicht auf der Puttlinie befände.

Fahne bedienen. Es sollte stets jener Spieler die Fahne bedienen, dessen Ball am nächsten beim Loch liegt.

Achten Sie beim Bedienen darauf, dass Ihr Schatten weder über das Loch noch über die Puttlinie des Spielers fällt. Halten Sie gegebenenfalls das Fahnentuch am Flaggenstock fest, damit es nicht im Wind flattert und die Konzentration des Puttenden stört. Stehen Sie immer seitlich zum Loch und nicht dahinter.

Lockern Sie die Fahne bereits, bevor der Spieler seinen Putt macht, denn sie könnte festklemmen. Ziehen Sie die Fahne sofort und ohne Zögern aus dem Loch, nachdem der Spieler seinen Putt gemacht hat. Bitte achten Sie beim Herausnehmen der Fahne darauf, dass die Lochkante nicht beschädigt wird. Wenn kein anderer Spieler die Fahne mehr bedient haben möchte, legen Sie sie vorsichtig und nach Möglichkeit außerhalb des Grüns ab.

Fahne bedienen. *Beim Bedienen der Fahne ist es am besten, wenn man seitlich steht und das Fahnentuch dabei festhält. Zudem sollte darauf geachtet werden, dass kein Schatten über die Puttlinie oder das Loch fällt.*

Auf dem Grün

Ball trifft Fahnenstange. Wenn Sie auf dem Grün putten, darf Ihr Ball auf keinen Fall die Fahnenstange treffen, sonst erhalten Sie 2 STRAFSCHLÄGE[36]. Lassen Sie deshalb die Fahne bedienen oder sogleich aus dem Loch nehmen und stellen Sie sicher, dass sie an einem Ort abgelegt wird, wo Sie sie nicht treffen können.

Haben Sie von außerhalb des Grüns einen Ball gespielt oder sogar direkt eingelocht, so ist das Treffen der Fahnenstange selbstverständlich STRAFLOS (2 STRAFSCHLÄGE erhalten Sie nur, wenn Sie *auf dem Grün* putten und die Fahnenstange treffen)[37].

Ball an Fahne eingeklemmt. Dieser Ball gilt nicht als eingelocht, da er sich noch nicht unterhalb des Lochrands befindet. Doch keine Sorge, das Einlochen ist in diesem Fall reine Formsache: Sie dürfen die Fahne vorsichtig herausdrehen, damit der Ball ins Loch fällt, ohne dafür einen zusätzlichen Schlag zählen zu müssen.

Hängt Ihr Ball nur halb im Loch, d. h. steckt er zwischen Fahnenstange und Lochrand fest, so dürfen Sie die Fahne sorgfältig herausnehmen, damit der Ball ins Loch fällt; er gilt dann als mit dem letzten Schlag eingelocht[38].

Ball trifft anderen Ball. Wenn Sie auf dem Grün putten, darf Ihr Ball keinen anderen, auf dem Grün ruhenden Ball treffen, sonst erhalten Sie 2 STRAFSCHLÄGE[39]. Lassen Sie störende Bälle deshalb durch die Spieler markieren und aufnehmen.

Treffen Sie hingegen einen Ball auf dem Grün nachdem Sie von außerhalb des Grüns gespielt haben, so ist das STRAFLOS[40].

Ballkollision. Wenn Sie auf dem Grün putten und dabei den Ball eines Mitspielers treffen, erhalten Sie dafür 2 Strafschläge. Sie müssen mit Ihrem Ball weiterspielen, wie er liegt, der andere, bewegte Ball muss zurückgelegt werden.

Ball nahe am Loch. Wenn ein Ball kurz vor dem Loch liegen bleibt und nur noch eine geringe Distanz zum Loch übrig ist, so wird häufig von der Spielfolge abgewichen, damit der Spieler „fertig machen" kann. Ein Spieler, welcher außerhalb der richtigen Reihenfolge zu spielen gedenkt, sollte jedoch vorher bei seinen Mitspielern um Erlaubnis fragen.

Bleibt ein Ball unmittelbar an der Lochkante stehen, so dürfen Sie 10 Sekunden warten. Fällt der Ball innerhalb dieser 10 Sekunden ins Loch, so gilt er als mit dem letzten Schlag eingelocht[41].

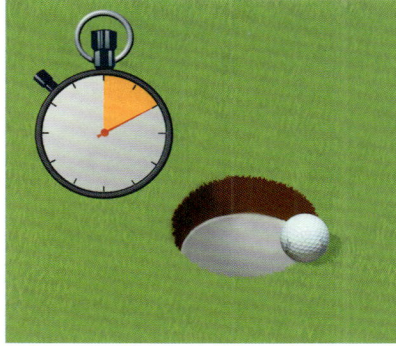

10-Sekunden-Regel. *Bleibt ein Ball am Lochrand stehen, so können Sie 10 Sekunden warten. Fällt der Ball innerhalb dieser Zeit, so gilt er als eingelocht. Fällt er erst nach 10 Sekunden, so gilt er zwar ebenfalls als eingelocht, doch müssen Sie sich einen Schlag hinzuzählen.*

Ball einlochen. Ein Ball ist eingelocht, wenn er *unterhalb* der Lochkante zur *Ruhe* gekommen ist[42]. Fällt ein Ball ins Loch und springt sodann von selbst wieder heraus, so muss er erneut ins Loch gespielt werden.

Wird beim Einlochen ein anderer Ball getroffen, welcher bereits im Loch liegt, so ist das STRAFLOS[43]. Dennoch ist es üblich, seinen Ball unverzüglich nach dem Einlochen aus dem Loch zu nehmen. Klauben Sie Ihren Ball immer von Hand aus dem Loch und versuchen Sie nicht etwa, ihn mit dem Putterkopf aus dem Loch zu schippen, da dies die Lochkante beschädigen würde. Achten Sie darauf, dass Sie sich beim Herausnehmen des Balls aus dem Loch nicht auf den Putter stützen.

Keine Geschenke. Im Zählspiel können im Fall eines Turniers *keine* Schläge geschenkt werden. Hat ein Spieler seinen Ball aus Versehen voreilig aufgenommen, so muss er ihn mit 1 STRAFSCHLAG zurücklegen und nachträglich einlochen[44]. Versäumt er dies, droht DISQUALIFIKATION[45].

Fahne einstecken. Der Spieler, welcher als Erster eingelocht hat, sollte am Schluss die Fahne zurückstecken. Bitte achten Sie darauf, dass dabei der Lochrand nicht beschädigt wird.

Es wäre ausgesprochen unhöflich, nach dem Einlochen einfach davonzulaufen, wenn andere Mitspieler das Loch noch nicht beendet haben. Bleiben Sie deshalb am Grün stehen, bis alle

Spieler eingelocht haben und begeben Sie sich dann gemeinsam zum nächsten Abschlag.

Schlagzahl bekannt geben. Nach Beendigung des Lochs sollten Sie Ihren Mitspielern und im Besonderen Ihrem Zähler kurz mitteilen, wie viele Schläge Sie benötigt haben. Tun Sie dies jedoch erst, nachdem alle Spieler das Loch beendet haben und nicht sofort nachdem Sie eingelocht haben. Falls nämlich Sie und Ihre Mitspieler unterschiedlich gezählt haben sollten, würde dies Verwirrung für die noch anstehenden Putts stiften.

Grün freigeben. Bitte verlassen Sie das Grün nach Beendigung so rasch wie möglich und tragen Sie Ihre Schlagzahl erst am nächsten Abschlag auf der Scorekarte ein. Im Interesse des Spielflusses sollte sogar jener Spieler, welcher die Ehre hat, zuerst abschlagen und erst dann die Schlagzahlen aufschreiben.

Nachputten. Wenn Sie das Loch zu Ende gespielt haben, dürfen Sie übungshalber noch einmal putten, sofern dies das Spiel nicht verzögert. *Zwischen* dem Spielen von zwei Löchern ist *Putten und Chippen* am Grün des zuletzt gespielten Lochs sowie am nächsten Abschlag erlaubt[46].

Doppelgrün. Landet Ihr Ball auf einem Doppelgrün im Bereich des falschen Lochs, so müssen Sie den Ball spielen, wie er liegt. Falls Ihnen das falsche Loch im Weg sein sollte, erhalten Sie Erleichterung, denn das Loch gilt als Boden in Ausbesserung: STRAFLOS den Ball am nächsten Punkt hinlegen, wo das Loch nicht mehr im Weg ist[47] (siehe auch S. 142f.).

Falsches Grün. Landet Ihr Ball auf einem falschen Grün, so dürfen Sie den Ball nicht spielen, sondern *müssen* STRAFLOSE Erleichterung nehmen[48] (siehe S. 103).

1 Erklärung „Grün".
2 Regel 18-2.a. i.V.m. Erklärung „Gelände".
3 Regel 16-1.b. und c.
4 Regel 25-2.
5 Regel 16-1.b.
6 Regel 20-3.a.
7 Anmerkung zu Regel 20-1.
8 Regel 19-1.
9 Regel 20-7.c. i.V.m. Regel 18.
10 Regel 18-2.a. i.V.m. Regel 20-1. und 3.a.
11 Regel 18-2.a. und b.
12 Regel 20-7.c. i.V.m. Regel 18.
13 Regel 5-3.
14 Regel 15-3.b.
15 Ebenda.
16 Regel 10-2.b.
17 Regel 10-2.c.
18 Erklärung „Belehrung".
19 Regel 8-1.
20 Regel 8-2.b.
21 Regel 16-1.a.
22 Regel 16-1.c.
23 Ebenda.
24 Regel 16-1.d.
25 Regel 14-1.
26 Regel 23-1.
27 Erklärung „Lose hinderliche Naturstoffe".
28 Regel 16-1.a.(I).
29 Regel 18-2.a. i.V.m. Regel 23-1.
30 Regel 24-1.
31 Regel 24-2.a.
32 Regel 24-2.b.(III).
33 Regel 24-2.a.
34 Regel 25-1.a.
35 Regel 25-1.b.(III).
36 Regel 17-3.
37 Regel 17-3.c.
38 Regel 17-4.
39 Regel 19-5.a.
40 Ebenda.
41 Regel 16-2.
42 Erklärung „Einlochen".
43 Regel 19-5.a. i.V.m. Erklärung „Ball im Spiel".
44 Regel 18-2.a.
45 Regel 3-2.
46 Regel 7-2.
47 Erklärung „Boden in Ausbesserung" i.V.m. Regel 25-1.a. und b.
48 Regel 25-3.

11. Nach der Runde

Dank für die Runde. Es ist üblich, nach Beendigung des letzten Lochs, sich gegenseitig mit Handschlag für die Runde zu bedanken und evtl. zu gratulieren.

Danke. Das Händeschütteln nach der Runde ist eine schöne Geste. Aus Höflichkeit sollte dabei eine etwaige Kopfbedeckung abgenommen werden.

Prüfung und Ergänzung der Scorekarte. Vergleichen Sie, ob die Schlagzahlen der einzelnen Löcher, welche Ihr Zähler für Sie aufgeschrieben hat, mit jenen Schlagzahlen übereinstimmen, welche Sie selbst notiert haben. Tun Sie dies durch Gegenlesen oder indem Sie die Scorekarten aneinander halten.

Vermeiden Sie Fehler, undeutliche Eintragungen und Kritzeleien auf der Scorekarte. Eine fehlerhafte Eintragung sollte nicht einfach überschrieben werden, besser ist es, sie durchzustreichen und daneben neu zu notieren. Es empfiehlt sich, die Neueintragung mit dem Visum des Zählers zu bestätigen.

Falls Sie auf der Runde einen Regelfall hatten, welchen Sie nicht lösen konnten und demzufolge zwei Bälle gespielt haben, so müssen Sie den Sachverhalt nun mit der Spielleitung abklären. Die Angelegenheit ist der Spielleitung in jedem Fall vorzutragen – selbst, wenn Sie mit beiden Bällen dasselbe Ergebnis erzielt haben sollten[1].

Die Scorekarte muss sowohl vom Zähler als auch vom Spieler unterschrieben werden[2].

148

Kontrollieren Sie noch einmal alle Eintragungen (Name, Handicap, Schlagzahlen, Unterschriften) und vergewissern Sie sich, dass Ihr Score in der *Spielerkolonne* eingetragen ist. Streichen Sie sodann die Zahlen der Zählerkolonne durch, um jegliche Missverständnisse auszuschließen.

Scorekarten vergleichen.
Die Scorekarte ist ein wichtiges Dokument. Prüfen Sie alle Eintragungen sorgfältig, insbesondere die Schlagzahlen, durch gegenseitiges Vorlesen oder Aneinanderhalten der Scorekarten. Stellen Sie sicher, dass sie von Zähler und Spieler unterschrieben ist, bevor Sie sie einreichen.

Abgeben der Scorekarte. Geben Sie die Scorekarte ohne Verzug im Sekretariat ab[3]. Die Scorekarte muss nach einem Turnier in jedem Fall eingereicht werden – selbst wenn der Spieler mit seinem Resultat nicht zufrieden ist. Es wäre ausgesprochen unsportlich, einen Score nicht einzureichen und ein entsprechendes Verhalten würde Disziplinarmaßnahmen nach sich ziehen.

Auswertung. Das Zusammenzählen des Resultats und die Auswertung der Punkte ist nicht notwendig, sondern erfolgt durch die Turnierleitung. Zählt der Spieler seine Schläge bzw. Punkte dennoch zusammen und unterläuft ihm dabei ein Rechenfehler, so hat dies keine Konsequenzen. Der Spieler ist lediglich dafür verantwortlich, dass seine Schlagzahlen für jedes Loch richtig eingetragen sind[4].

Fehlerhafte Scorekarte abgegeben. Eine einmal abgegebene Scorekarte kann nicht mehr korrigiert werden[5]. Haben Sie an einem Loch eine zu hohe Schlagzahl eingetragen, so gilt diese[6]; bei einer zu niedrigen Schlagzahl oder einer nicht unterschriebenen Scorekarte werden Sie DISQUALIFIZIERT[7].

Schuhe. Bitte vergessen Sie nicht, Ihre Schuhe gründlich zu reinigen, bevor Sie das Clubhaus betreten. Beachten Sie, dass in einigen Bereichen des Clubhauses das Tragen von Golfschuhen, insbesondere mit Spikes, untersagt sein kann.

Anstoßen. Nach der Runde ist es üblich, gemeinsam mit den Mitspielern im Clubhaus noch etwas zu trinken (die Clubbar wird deshalb gerne auch als 19. Loch bezeichnet).

Unendliche Geschichten. Wenn Sie gefragt werden, wie Sie gespielt haben, so antworten Sie am besten nur mit Ihrem Resultat (Schlagzahl bzw. Anzahl Stfd.-Punkte). Erzählen Sie Ihren Mitmenschen lieber nicht Ihre ganze Golfrunde und was alles gewesen wäre, wenn ... – dafür interessiert sich erfahrungsgemäß kein Mensch.

Siegerehrung. Es ist ein Zeichen von sportlicher Gesinnung und Anerkennung, bis zur Siegerehrung zu bleiben, auch wenn man selbst nicht in den Preisrängen ist. Auf jeden Fall aber sollten Sie sich abmelden, wenn Sie an der Siegerehrung nicht teilnehmen können.

---

1 Regel 3-3.a.
2 Regel 6-6.a. und b.
3 Regel 6-6.b.
4 Regel 6-6.d. und Decision 6-6d/2.

5 Regel 6-6.c.
6 Regel 6-6.d.
7 Regel 6-6.b. und d.

IV. Zusammenfassung

Etikette

- Vergewissern Sie sich immer, dass niemand durch Ihren beabsichtigten Schwung oder Schlag gefährdet ist.

- Könnte dennoch jemand durch Ihren Ball auch nur im Entferntesten gefährdet sein, dann rufen Sie sofort mehrmals so laut wie möglich Fore!

- Hören Sie selbst andererseits, dass jemand Fore ruft, so ducken Sie sich sofort und legen Sie die Arme schützend über den Kopf.

- Spielen und gehen Sie immer zügig und vermeiden Sie unnötige Zeitverluste.

- Langsamere Partien haben die nachfolgenden Spieler durchspielen zu lassen. Dabei ist die nachfolgende Partie mit einem deutlichen Zeichen zum Überholen aufzufordern.

- Schonen und pflegen Sie den Platz nach Ihren Möglichkeiten.

- Verhalten Sie sich ruhig und fair auf dem Platz und vermeiden Sie jegliches Verhalten, das andere Spieler stören könnte.

- Achten Sie darauf, dass Sie ordnungsgemäß und komplett ausgerüstet sind.

- An die Herren Golfer: Zügeln Sie Ihre Ungeduld, insbesondere wenn Sie gemeinsam mit Damen spielen.

Fazit:
Verhalten Sie sich stets so, wie Sie das von anderen Spielern auch erwarten.

	Im Gelände	Im Bunker	Im Wasserhindernis	Auf dem Grün
Ball markieren und aufnehmen zum Identifizieren.	Straflos erlaubt (Mitspieler vorher informieren).	Straflos erlaubt (Mitspieler vorher informieren).	Straflos erlaubt (Mitspieler vorher informieren).	Straflos erlaubt.
Ansprechen des Balls.	Stand einnehmen und Schläger am Boden aufsetzen.	Stand einnehmen (Schläger nicht am Boden aufsetzen).	Stand einnehmen (Schläger nicht am Boden aufsetzen).	Stand einnehmen und Schläger am Boden aufsetzen.
Ball bewegt sich nach Ansprechen.	Der Ball muss mit 1 Strafschlag zurückgelegt werden.			
Lose Naturstoffe (Blätter, Zweige, Steine usw.).	Straflos entfernen.	✗	✗	Straflos entfernen.
Ball bewegt sich beim Entfernen von losen Naturstoffen.	Ball zurücklegen, mit 1 Strafschlag.	–	–	Ball zurücklegen, straflos.
Bewegliche Hemmnisse (Dose, Bank, Rechen usw.).	Straflos entfernen. (Sollte der Ball in oder auf dem beweglichen Hemmnis liegen: Lage des Balls kennzeichnen, das Hemmnis entfernen und den Ball anschließend so nahe wie möglich der markierten Stelle fallen lassen, auf dem Grün hinlegen – straflos.)			
Ball bewegt sich beim Entfernen von einem beweglichen Hemmnis.	Der Ball muss straflos zurückgelegt werden.			

Unbewegliche Hemmnisse (Straße, Haus, Mauer usw.). Erleichterung bei Behinderung von Ball, Stand oder Schwung (Behinderung nur der Spiellinie reicht nicht aus).	Nächsten Punkt bestimmen, an dem frei *vom Hemmnis* gestanden und geschwungen werden kann und den Ball innerhalb von 1 Schlägerlänge droppen – straflos.	Äußerst seltener Fall. (Der Spieler hat zwei Möglichkeiten zum Droppen: 1. *Straflos im Bunker* innerhalb 1 Schlägerlänge des nächstgelegenen Punkts der Erleichterung. 2. Mit *1 Strafschlag außerhalb* des Bunkers auf der rückwärtigen Verlängerung der Linie Loch-Ball.)	✕	Praktisch undenkbar. (Erleichterung auch bei Behinderung der Puttlinie: Nächsten Punkt bestimmen, an dem frei vom unbeweglichen Hemmnis gestanden, geschwungen und geputtet werden kann und den Ball genau dort hinlegen – straflos.)
Ungewöhnlich beschaffener Boden (Pfütze, B.i.A., Tierspur). Erleichterung bei Behinderung von Ball, Stand oder Schwung (Behinderung nur der Spiellinie reicht nicht aus).	Nächsten Punkt bestimmen, an dem frei *vom ungewöhnlich beschaffenen Boden* gestanden und geschwungen werden kann und den Ball innerhalb von 1 Schlägerlänge droppen – straflos.	Der Spieler hat zwei Möglichkeiten zum Droppen: 1. *Straflos im Bunker* innerhalb 1 Schlägerlänge des nächstgelegenen Punkts der *größtmöglichen* Erleichterung. 2. Mit *1 Strafschlag außerhalb* des Bunkers auf der rückwärtigen Verlängerung der Linie Loch-Ball.	✕	Erleichterung auch bei Behinderung der Puttlinie: Nächsten Punkt bestimmen, an dem *möglichst* frei vom ungewöhnlich beschaffenen Boden gestanden, geschwungen und geputtet werden kann und den Ball genau dort hinlegen (könnte auch außerhalb des Grüns sein) – straflos.

Zusammenfassung

	Im Gelände	Im Bunker	Im Wasserhindernis	Auf dem Grün
Ball in ungewöhnlich beschaffenem Boden verloren.	Straflose Erleichterung wie oben beschrieben; ausschlaggebend ist der Punkt, wo der Ball zuletzt die Grenze des ungewöhnlich beschaffenen Bodens gekreuzt hat.	Straflose Erleichterung wie oben beschrieben; ausschlaggebend ist der Punkt, wo der Ball zuletzt die Grenze des ungewöhnlich beschaffenen Bodens gekreuzt hat.	✕	Praktisch undenkbar. (Straflose Erleichterung wie oben beschrieben; ausschlaggebend ist der Kreuzungspunkt zum ungewöhnlich beschaffenen Boden.)
Erleichterung bei einem Ball, der in sein *eigenes* Einschlagloch eingebohrt ist.	Nur auf *kurz gemähten* Flächen (Fairway, Vorgrün): Ball aufnehmen, reinigen und straflos möglichst nahe der ursprünglichen Lage droppen.	✕	✕	Ball markieren, aufnehmen und reinigen. Darauf das Einschlagloch reparieren und den Ball straflos zurücklegen.
Unspielbarer Ball.	Mit 1 Strafschlag droppen: 1. Innerhalb von 2 Schlägerlängen. 2. Auf der rückwärtigen Verlängerung der Linie Loch-Ball. 3. An der Stelle des letzten Schlags.	Mit 1 Strafschlag droppen: 1. Innerhalb von 2 Schlägerlängen *im Bunker*. 2. Auf der rückwärtigen Verlängerung der Linie Loch-Ball *im Bunker*. 3. An der Stelle des letzten Schlags.	(Nach Wasserhindernisregel verfahren!)	Praktisch undenkbar. (3 Möglichkeiten zum *Droppen* wie nebenstehend unter „Gelände" beschrieben.)

Falschen Ball gespielt.	Die Schläge mit dem falschen Ball zählen nicht, der Spieler erhält 2 Strafschläge und muss zurückgehen und seinen richtigen Ball spielen. (Wenn er mit dem falschen Ball einlocht und den Fehler nicht korrigiert, wird er disqualifiziert.)			Praktisch undenkbar.
Ball verloren.	Mit 1 Strafschlag am Punkt, wo der letzte Schlag erfolgt ist, einen neuen Ball droppen (am Ab-schlag aufteen).	Mit 1 Strafschlag am Punkt, wo der letzte Schlag erfolgt ist, einen neuen Ball droppen (am Ab-schlag aufteen).	Mit 1 Strafschlag am Punkt, wo der letzte Schlag erfolgt ist, einen neuen Ball droppen (am Ab-schlag aufteen) bzw. nach der Wasserhindernis-regel verfahren.	Praktisch undenkbar.
Provisorischen Ball spielen.	Straflos* erlaubt. (*Der Strafschlag wird erst dann fällig, wenn der provisorische Ball zum Ball im Spiel wird.)	Straflos* erlaubt. (*Der Strafschlag wird erst dann fällig, wenn der provisorische Ball zum Ball im Spiel wird.)	Landet der Ball im Wasserhindernis, so darf kein provisori-scher Ball gespielt werden, sondern es muss nach der Was-serhindernisregel vor-gegangen werden.	

V. Lochspielregeln

Grundsatz. Beim Lochspiel gelten grundsätzlich dieselben Regeln wie beim Zählspiel. Während jedoch beim Zählspiel als Grundstrafe bei einem Regelverstoß 2 Strafschläge verhängt werden, verliert der Spieler hier sogleich das Loch – man spricht in dem Zusammenhang auch von LOCHVERLUST[1].

Folgende Besonderheiten gilt es beim Lochspiel zu beachten:

Gewinner. Im Lochspiel spielen direkte Gegner Loch für Loch gegeneinander. Gewinner eines Lochs ist derjenige Spieler, welcher mit weniger Schlägen einlocht (im Vorgabenspiel, d. h. unter Anrechnung des Hcps, zählt das niedrigere Netto des Lochs)[2]. Ein Loch ist halbiert, wenn beide Spieler dasselbe Resultat erzielen[3].
Gewinner des ganzen Lochspiels ist derjenige Spieler, welcher bis zum Ende mehr Löcher für sich entscheiden konnte – und damit ist ein Lochspiel bereits beendet, sobald ein Spieler mit mehr Löchern führt, als noch zu spielen sind[4].

Schenken. Im Lochspiel muss der Ball nicht unbedingt eingelocht werden. Ein Spieler darf seinem Gegner den nächsten Schlag als eingelocht schenken – selbst wenn dieser Ball noch weit vom Loch entfernt ist. Er darf sogar ein Loch oder das ganze Lochspiel jederzeit vor Abschluss desselben schenken[5].
NB: Wird einem Spieler der nächste Schlag geschenkt, z. B. ein kurzer Putt, und er führt ihn dennoch aus, so gilt das Geschenk gleichwohl, selbst wenn der Schlag danebengehen sollte – geschenkt ist geschenkt. Geschenke können weder abgelehnt noch zurückgenommen werden[6]. (Das Fertigmachen, nachdem der Schlag oder das Loch geschenkt wurde, ist auch nicht etwa unerlaubtes Üben, denn ein Loch, dessen Ergebnis bereits entschieden ist, darf stets zu Ende gespielt werden[7].)

Üben auf dem Platz. Am Tag eines Lochwettspiels darf der Spieler vor der Runde auf dem Wettspielplatz üben[8].

Ehre. Am Abschlag hat jeweils die Ehre, wer das letzte Loch gewonnen hat[9].

Spielen von außerhalb der Abschlagsfläche. Schlägt ein Spieler von außerhalb der Abschlagsfläche ab, so ist dies im Lochspiel STRAFLOS, doch kann der Gegner unverzüglich verlangen, dass der Spieler seinen Schlag annulliert und wiederholt, indem er einen Ball von innerhalb des Abschlags spielt[10].

Spielen außer Reihenfolge. Spielt ein Spieler außerhalb der ordentlichen Reihenfolge, so ist dies auch im Lochspiel grundsätzlich STRAFLOS, doch kann der Gegner unverzüglich verlangen, dass der Spieler diesen Schlag annulliert und in der richtigen Reihenfolge wiederholt. In dem Fall muss so nahe wie möglich von der Stelle gespielt werden, wo der letzte Schlag erfolgt ist (fallen lassen, am Abschlag aufteen, auf dem Grün hinlegen)[11].

Auskunft über Schlagzahl. Im Lochspiel hat jeder Spieler Anspruch auf Auskunft über den aktuellen Spielstand und die Schlagzahl seines Gegners. Hat sich ein Spieler im Verlauf eines Lochs eine Strafe zugezogen, so muss er seinen Gegner sobald wie möglich darüber informieren. Versäumt er dies, so gilt das als Erteilen einer falschen Auskunft, selbst wenn er sich der Tatsache, dass er sich eine Strafe zugezogen hat, gar nicht bewusst war. Das Erteilen einer falschen Auskunft wird in der Regel mit LOCHVERLUST bestraft[12].

Ball in Ruhe durch Gegner bewegt. Wird der *ruhende Ball* eines Spielers durch den Gegner bewegt, *ohne dass nach dem Ball gesucht wurde,* so zieht sich der Gegner 1 STRAFSCHLAG zu, und der Ball muss zurückgelegt werden[13]. Wird der ruhende Ball eines Spielers, *während nach ihm gesucht wird,* durch den Gegner bewegt, so ist dies hingegen STRAFLOS, und der Ball muss ebenfalls zurückgelegt werden[14].

Ball in Bewegung durch Gegner abgelenkt oder aufgehalten. Trifft der *Ball in Bewegung* den Gegner oder dessen Ausrüstung und wird dadurch aus Versehen abgelenkt oder aufgehalten, so gilt dies auch im Lochspiel als Spielzufall und ist STRAFLOS. Der Spieler darf nun jedoch wahlweise seinen Ball weiterspielen, wie er liegt, oder unverzüglich den Schlag für ungültig erklären und wiederholen, indem er einen Ball STRAFLOS so nahe wie möglich der Stelle des letzten Schlags fallen lässt (am Abschlag aufteen, auf dem Grün hinlegen)[15].

Lochspielregeln

Spieler und Gegner verwechseln ihre Bälle. Verwechseln *Spieler und Gegner* ihre Bälle, so erleidet LOCHVERLUST, wer *zuerst* außerhalb eines Hindernisses den falschen Ball gespielt hat. Kann dies nicht festgestellt werden, so muss das Loch mit den vertauschten Bällen zu Ende gespielt werden[16].

Ball trifft anderen Ball auf dem Grün. Trifft der Ball eines Spielers beim Putten auf dem Grün einen anderen ruhenden Ball, so ist dies im Lochspiel STRAFLOS[17] (der bewegte Ball muss aber selbstverständlich dennoch zurückgelegt werden[18]).

Regelunsicherheit. Im Lochspiel besteht *nicht* die Möglichkeit, bei Unklarheit über die Regeln einen zweiten Ball zu spielen[19]. Die Spieler müssen selbst zu einer Lösung finden und das Spiel ohne Verzögerung fortsetzen. Ist ein Spieler mit dem Vorgehen seines Gegners nicht einverstanden, so kann er dies beanstanden und im Anschluss an die Runde durch die Spielleitung klären lassen. Voraussetzung hierfür ist jedoch, dass er unverzüglich und ausdrücklich „Beanstandung" erhebt und dies seinem Gegner unter Nennung der Gründe deutlich mitteilt[20].

1 Regel 2-6.
2 Regel 2-1.
3 Regel 2-2.
4 Regel 2-3.
5 Regel 2-4.
6 Decision 2-4/6.
7 Regel 7-2.
8 Regel 7-1.a.
9 Regel 10-1.a.
10 Regel 11-4.a.
11 Regel 10-1.c. i.V.m. Regel 20-5.
12 Regel 9-2.
13 Regel 18-3.b.
14 Regel 18-3.a.
15 Regel 19-3. i.V.m. Regel 20-5.
16 Regel 15-3.a.
17 Regel 19-5.a.
18 Ebenda.
19 Regel 3-3.a.
20 Regel 2-5.

VI. Wiederholungsfragen

Die nachfolgenden Fragen sollen Ihnen ermöglichen, Ihren Wissensstand zu überprüfen und sich auf eine etwaige Regelprüfung vorzubereiten. Schreiben Sie Ihre Antworten in die Leerzeile zwischen den Fragen und vergleichen Sie sie erst ganz zum Schluss mit den richtigen Antworten auf S. 173ff. Falls Sie eine Antwort nicht auswendig wissen, so können Sie sie erarbeiten, indem Sie im einschlägigen Kapitel nachlesen.

1. Vor Betreten der Golfplatzanlage

1. Dürfen Sie mit Ihrem PR-Ausweis auf jedem Platz spielen?

2. Empfiehlt es sich immer, vor einer Runde im Club anzurufen?

3. Wie viel Zeit sollten Sie vor Ihrer Abschlagszeit einrechnen und früher im Golfclub eintreffen, damit sicher keine Hektik aufkommt?

2. Im Clubhaus

1. Empfiehlt es sich, die Golfschuhe gleich beim Auto anzuziehen?

2. Welche Arten von Gebühren werden auf Golfplätzen erhoben?

3. Welche Eintragungen sollten Sie überprüfen, wenn Sie Ihre Scorekarte im Sekretariat entgegennehmen?

4. Worüber sollten Sie sich vor der Runde informieren?

5. Wo finden Sie Platzregeln oder temporäre Regeln?

6. Worauf ist beim Gebrauch von Golfcarts besonders zu achten?

159

Wiederholungsfragen

7. Was gehört alles zu einer kompletten Golfausrüstung?

3. Auf der Driving Range

1. Sind Gespräche und die Benützung von Mobiltelefonen auf der Driving Range erlaubt?

2. Darf auf der Driving Range vom Rasen abgeschlagen werden?

3. Weshalb ist auf der Driving Range besondere Vorsicht geboten?

4. Dürfen weggeflogene Tees wieder eingesammelt werden?

5. Darf auf dem Putting-Grün auch Pitching und Chipping geübt werden?

6. Wo kann Pitching und Chipping geübt werden?

7. Dürfen Driving-Range-Bälle auf dem Platz gespielt werden?

8. Müssen Körbe zum Ballausgabeautomaten zurückgebracht werden?

4. Wichtige Grundregeln

1. Wie lautet der Grundsatz des Golfspiels?

2. Dürfen Sie etwas Angewachsenes oder Befestigtes biegen, bewegen oder brechen?

3. Wie ist vorzugehen, wenn Sie sich über die richtige Vorgehensweise bzw. eine Regel nicht sicher sind?

4. Wie lautet die Strafe bei Übereinkunft, eine Regel nicht anzuwenden?

5. Welches ist die Grundstrafe bei Regelverstoß im Zählspiel?

6. Ist es sinnvoll, an den Schlägern selbst Veränderungen vorzunehmen?

7. Wie viele Schläger dürfen höchstens auf die Runde mitgenommen werden?

8. Darf in der Regel ein Ball während dem Spielen eines Lochs ausgetauscht werden?

9. Darf am Tag eines Turniers vor der Runde auf dem Platz geübt werden?

10. Dürfen Sie Ihren Mitspieler um einen Ratschlag bitten, der Ihren Schlag, Ihre Schlägerwahl oder Ihre Spielweise beeinflussen könnte?

11. Dürfen Sie nach der Länge des Lochs fragen?

12. Dürfen Sie Ihre Spielergruppe verlassen und sich einem anderen Flight anschließen?

13. Was sollten Sie generell tun, bevor Sie Ihren Ball aufnehmen, um in irgendeiner Form Erleichterung zu nehmen?

14. Was ist beim anschließenden Hinlegen/Fallenlassen stets zu beachten?

15. Was ist zu tun, wenn zwei Bälle so dicht beieinander liegen, dass sie sich gegenseitig beim Spielen behindern?

Wiederholungsfragen

16. Ihr ruhender Ball wird von einem Spaziergänger mitgenommen. Was ist zu tun?

17. Ihr Ball trifft eine Hochspannungsleitung und springt davon ab. Was ist zu tun?

18. Was tun Sie, wenn Ihr Ball im Wald verschwindet?

19. Von wo spielen Sie einen provisorischen Ball?

20. Dürfen Sie einige Minuten suchen und dann zurückkehren um einen provisorischen Ball zu spielen?

21. Was ist zu tun, wenn der Schlag mit dem provisorischen Ball ebenfalls misslingt?

22. Dürfen Sie mit Ihrem provisorischen Ball mehr als einen Schlag machen?

23. Wie lange dürfen Sie nach Ihrem Ball suchen?

24. Was geschieht, wenn Ihr ursprünglicher Ball tatsächlich verloren ist?

5. Am Abschlag

1. Wann sollten Sie sich spätestens am 1. Abschlag einfinden?

2. Worauf müssen Sie zur Schonung des Abschlags achten?

3. Was gebietet die Etikette sonst noch am 1. Abschlag?

€ 25,-
Warengutschein

Warengutschein

für Ihre Bestellung
vom 1. Mai bis zum
30. November 2009 von
mindestens 12 Flaschen.

Hanseatisches
Wein & Sekt Kontor

25

€25

**Gültig vom 1. Mai bis zum
30. November 2009
für Ihre Bestellung
ab 12 Flaschen aus Ihrem neuen
Weinkatalog Sommer 2009**

Einfach den Gutschein Ihrer Bestellung
beilegen oder die Gutschein-Nummer
bei Ihrer telefonischen oder Online-
Bestellung angeben.

**Bestell-Service
Tel 04122-50 44 33
www.hawesko.de**

*Hanseatisches
Wein & Sekt Kontor*

€25

Frank Schuler
Maybachstr. 30
74343 Sachsenheim

Gutschein-Nr.:   13630233FAC

4. Was tun Sie mit Ihrer Scorekarte?

5. Weshalb sollten Sie den Mitspielern Marke und Ziffer Ihres Balls bekanntgeben, bevor Sie abschlagen?

6. In welcher Reihenfolge wird am ersten Tee abgeschlagen?

7. In welcher Reihenfolge wird von allen folgenden Abschlägen gespielt?

8. Welche Farben haben in der Regel die Abschlagsmarkierungen?

9. Wie weit dürfen Sie hinter den Abschlagsmarkierungen aufteen?

10. Dürfen Sie die Standposition außerhalb der Abschlagsfläche einnehmen?

11. Was geschieht, wenn Sie außerhalb der Abschlagsfläche aufteen und abschlagen?

12. Dürfen Sie auf dem Abschlag Bodenunebenheiten niederdrücken?

13. Was ist zu tun, wenn der Ball beim Ansprechen vom Tee gestupst wird?

14. Zählt ein Luftschlag?

15. Was müssen Sie tun, wenn Ihr Ball auf Menschen zufliegt?

16. Was tun Sie mit Divots am Abschlag?

6. Im Gelände

1. Wonach richtet sich die Spielfolge im Gelände?

2. Was müssen Sie tun, wenn Sie Ihren Ball beim Suchen aus Versehen bewegen?

3. Was ist zu tun, wenn ein Mitspieler Ihren Ball beim Suchen aus Versehen bewegt?

4. Was geschieht in der Regel, wenn Sie einen bewegten Ball nicht zurücklegen?

5. Was müssen Sie unbedingt tun, bevor Sie Ihren Ball zum Identifizieren aufnehmen?

6. Dürfen Sie einen störenden Ast hinter einen anderen biegen um besser schwingen zu können?

7. Welche beiden Kriterien muss ein Gegenstand erfüllen, um als loser hinderlicher Naturstoff zu gelten?

8. Dürfen Sie lose hinderliche Naturstoffe im Gelände entfernen?

9. Gelten Sand und loses Erdreich im Gelände als lose hinderliche Naturstoffe?

10. Welche beiden Kriterien muss ein Gegenstand erfüllen, um als bewegliches Hemmnis zu gelten?

11. Dürfen Sie bewegliche Hemmnisse im Gelände entfernen?

12. Was ist zu tun, wenn sich beim Entfernen von beweglichen Hemmnissen der Ball bewegt?

13. Gilt ein Auspfosten als Hemmnis?

14. Wie nennt man künstliche Gegenstände, welche befestigt sind?

15. Unter welchen Umständen erhalten Sie davon Erleichterung?

16. Wie gestaltet sich die Erleichterung?

17. Kann es vorkommen, dass von einer asphaltierten Straße keine Erleichterung gewährt wird?

18. Was versteht man unter ungewöhnlich beschaffenem Boden?

19. Was müssen Sie tun, wenn Sie Ihren Ball beim Suchen in ungewöhnlich beschaffenem Boden aus Versehen bewegen?

20. Unter welchen Umständen erhalten Sie von ungewöhnlich beschaffenem Boden Erleichterung?

21. Wie gestaltet sich diese Erleichterung?

22. Was geschieht, wenn der Ball in einem solchen Boden verloren ist?

23. Dürfen Sie Ihren Ball spielen, wenn er auf einem falschen Grün gelandet ist?

Wiederholungsfragen

24. Dürfen Sie Ihren Ball spielen, wenn er so nahe bei einem falschen Grün gelandet ist, dass Sie darauf stehen müssen?

25. Wie lautet die Erleichterung von einem falschen Grün?

26. Von einem Ball, der sich in sein eigenes Einschlagloch eingebohrt hat, gibt es nur auf ganz bestimmten Flächen Erleichterung – um welche Flächen handelt es sich?

27. Wie gestaltet sich die Erleichterung?

28. Wie schlecht muss ein Ball liegen, damit er als unspielbar erklärt werden kann?

29. Ist das Verfahren bei einem unspielbaren Ball straflos?

30. Welche Möglichkeiten zum Fallenlassen stehen zur Verfügung?

31. Was müssen Sie tun, wenn Sie Ihren Ball nicht mehr finden und Sie auch keinen provisorischen Ball gespielt haben?

32. Was müssen Sie tun, wenn Sie aus Versehen einen falschen Ball gespielt haben?

33. Was müssen Sie tun, wenn Sie den richtigen Ball nicht mehr finden?

34. Was geschieht, wenn Sie mit dem falschen Ball einlochen und den Fehler nicht beheben?

35. Dürfen Sie Ihren Ball spielen, wenn er auf einem fremden Abschlag (z. B. einem vorderen Abschlag) gelandet ist?

36. Dürfen Sie Ihren Ball spielen, wenn er auf einem fremden Fairway gelandet ist?

37. Was müssen Sie tun, wenn Sie mit dem Spielfluss nicht mithalten können und vor sich eine ganze Spielbahn frei haben?

7. Im Bunker

1. Gehören Raseninseln zum Bunker?

2. Dürfen Sie Ihren Ball im Bunker zum Identifizieren aufnehmen?

3. Was geschieht, wenn Sie einen falschen Ball spielen?

4. Welche Besonderheiten gelten beim Spielen im Bunker?

5. Dürfen Sie lose hinderliche Naturstoffe im Bunker entfernen?

6. Dürfen Sie den Rechen im Bunker entfernen?

7. Was ist zu tun, wenn sich dabei der Ball bewegt?

8. Erhalten Sie von ungewöhnlich beschaffenem Boden im Bunker Erleichterung?

9. Dürfen Sie einen Ball im Bunker für unspielbar erklären?

10. Welche Möglichkeiten zum Fallenlassen stehen zur Verfügung?

11. Wo legen Sie den Rechen am besten ab, nachdem Sie Ihre Spuren im Sand eingeebnet haben?

8. Im Wasserhindernis

1. Mit welchen Farben werden Wasserhindernisse markiert?

2. Ist die natürliche Uferlinie für die Grenze eines Wasserhindernisses maßgeblich?

3. Was müssen Sie tun, wenn Sie Ihren Ball beim Suchen aus Versehen bewegen?

4. Worauf müssen Sie achten, wenn Sie Ihren Ball im Wasserhindernis spielen wollen, wie er liegt?

5. Dürfen Sie Ihren Ball im Wasserhindernis zum Identifizieren aufnehmen?

6. Was geschieht, wenn Sie einen falschen Ball spielen?

7. Dürfen Sie lose hinderliche Naturstoffe im Wasserhindernis entfernen?

8. Dürfen Sie bewegliche Hemmnisse im Wasserhindernis entfernen?

9. Erhalten Sie von unbeweglichen Hemmnissen im Wasserhindernis Erleichterung?

10. Gibt es von ungewöhnlich beschaffenem Boden im Wasserhindernis Erleichterung?

11. Dürfen Sie einen Ball im Wasserhindernis für unspielbar erklären?

12. Dürfen Sie einen provisorischen Ball spielen, wenn Ihr Ball im Wasserhindernis gelandet ist?

13. Welche Möglichkeiten zum Fallenlassen sieht die Wasserhindernisregel bei frontalen, welche bei seitlichen Wasserhindernissen vor?

9. Im Aus

1. Mit welcher Farbe wird das Aus markiert?

2. Was müssen Sie tun, wenn Ihr Ball im Aus liegt?

3. Erhalten Sie von Auspfosten Erleichterung?

4. Dürfen Sie Ihre Standposition im Aus einnehmen, um Ihren Ball auf dem Platz zu spielen?

5. Ist es erlaubt, lose hinderliche Naturstoffe und bewegliche Hemmnisse im Aus zu entfernen?

6. Erhalten Sie von unbeweglichen Hemmnissen und ungewöhnlich beschaffenem Boden im Aus Erleichterung?

7. Dürfen Sie Ihren Ball im Aus für unspielbar erklären?

10. Auf dem Grün

1. Gehört das Vorgrün im Sinn der Regeln zum Grün?

2. Dürfen Sie Ihren Ball auf dem Vorgrün markieren, aufnehmen und reinigen?

3. Was ist Ihre wichtigste Pflicht zur Schonung des Grüns?

Wiederholungsfragen

4. Welche anderen Vorkehrungen sind zu beachten, um das Grün nicht in Mitleidenschaft zu ziehen?

5. Welcher Spieler sollte die Fahne bedienen bzw. aus dem Loch nehmen?

6. Dürfen Sie Spikesspuren auf Ihrer Puttlinie glattstreichen?

7. Was geschieht, wenn Sie auf dem Grün putten und die Fahnenstange treffen?

8. Was geschieht, wenn Sie auf dem Grün putten und einen fremden Ball treffen?

9. Dürfen Sie lose hinderliche Naturstoffe auf dem Grün entfernen?

10. Was gilt nur auf dem Grün, nicht aber anderswo als loser hinderlicher Naturstoff?

11. Was ist zu tun, wenn sich Ihr Ball beim Entfernen von losen hinderlichen Naturstoffen bewegt?

12. Dürfen Sie bewegliche Hemmnisse auf dem Grün entfernen?

13. Von ungewöhnlich beschaffenem Boden erhalten Sie auf dem Grün Erleichterung, wenn Ihr Ball darin liegt, wenn Sie dadurch im Stand oder Schwung behindert sind sowie in einem weiteren Fall – in welchem?

14. Wie gestaltet sich das Erleichterungsverfahren?

15. Was können Sie tun, wenn Ihr Ball am Lochrand stehen bleibt?

16. Was gilt, wenn ein Ball ins Loch fällt und wieder herausspringt?

17. Welcher Spieler sollte die Fahne wieder ins Loch stecken?

11. Nach der Runde

1. Was müssen Sie mit Ihrer Scorekarte tun, bevor Sie sie abgeben?

2. Dürfen Sie Ihre Scorekarte vernichten, anstatt sie abzugeben, wenn Sie schlecht gespielt haben?

12. Lochspielregeln

1. Welches ist die Grundstrafe bei Regelverstoß im Lochspiel?

2. Muss der Ball im Lochspiel in jedem Fall eingelocht werden?

3. Dürfen Sie am Tag eines Matchplays vor der Runde auf dem Platz üben?

4. Müssen Sie Ihrem Gegner über Ihre Schlagzahl Auskunft geben?

5. Ist die Spielreihenfolge dieselbe wie beim Zählspiel?

6. Was geschieht, wenn ein Spieler außerhalb der korrekten Spielfolge spielt?

7. Was geschieht, wenn Sie außerhalb der Abschlagsfläche aufteen und abschlagen?

8. Was ist zu tun, wenn Sie den Ball Ihres Gegners beim Suchen aus Versehen bewegen?

9. Was gilt, wenn Sie den Ball Ihres Gegners in einem anderen Fall als beim Suchen bewegen?

10. Welche Möglichkeiten haben Sie, wenn Ihr Ball den Gegner trifft?

11. Was geschieht, wenn Sie einen falschen Ball spielen?

12. Wer erleidet Lochverlust, wenn Spieler und Gegner die Bälle verwechseln?

13. Was geschieht, wenn Sie auf dem Grün putten und den Ball ihres Gegners treffen?

14. Dürfen Sie bei Unsicherheit über die Regeln einen zweiten Ball spielen?

Antworten

1.

1.1. Nein.

1.2. Ja, um zu erfragen ob der Platz bespielbar ist oder Startzeiten notwendig sind.

1.3. 1 Stunde.

2.

2.1. Nein, in der Garderobe.

2.2. Rangefee, Greenfee, Matchfee, Trolleyfee, Cartfee.

2.3. Handicap.

2.4. Spielform, Abschläge, Platzregeln.

2.5. Anschlagbrett/Rückseite Scorekarte.

2.6. Sicherheitsbestimmungen/Verkehrsregeln.

2.7. Siehe S. 64.

3.

3.1. Gespräche nur leise, keine Mobiltelefone.

3.2. Nur wo ausdrücklich erlaubt.

3.3. Erhöhte Unfallgefahr, weil zahlreiche Spieler auf engem Raum, insbesondere viele Anfänger.

3.4. Nein, zu gefährlich.

3.5. Nein.

3.6. Piching-/Chipping-Grün.

3.7. Nein.

3.8. Ja.

4.

4.1. Der Ball ist zu spielen, wie er liegt.

4.2. Nein.

4.3. Zwei Bälle spielen.

4.4. Disqualifikation.

4.5. 2 Strafschläge.

4.6. Nein.

4.7. 14 Schläger.

4.8. Nein.

4.9. Nein.

4.10. Nein.

4.11. Ja, nach allgemein zugänglichen Informationen zu fragen ist erlaubt.

4.12. Nein.

4.13. Die Lage des Balls markieren.

4.14. Der Ball darf nicht näher beim Loch liegen als vorher.

4.15. Ball markieren und aufnehmen, anschließend zurücklegen.

4.16. Neuen Ball straflos an die Stelle legen, wo der ursprüngliche Ball lag.

4.17. Spielzufall – der Ball ist zu spielen, wie er liegt (manche Platzregeln bestimmen, dass in einem solchen Fall der Schlag straflos wiederholt werden muss).

4.18. Provisorischen Ball spielen.

4.19. An der Stelle des letzten Schlags einen Ball droppen, wenn der letzte Schlag am Abschlag erfolgt ist, irgendwo innerhalb der Abschlagsfläche aufteen.

4.20. Nein, der provisorische Ball muss gespielt werden, bevor man voranschreitet und den ursprünglichen Ball sucht.

4.21. Zweiten provisorischen Ball spielen.

4.22. Ja, er darf provisorisch weitergespielt werden, bis man die Stelle erreicht, wo der ursprüngliche Ball mutmaßlich liegt.

4.23. 5 Minuten.

4.24. Der provisorische Ball wird mit einem Strafschlag zum Ball im Spiel; sowohl die Schläge mit dem ursprünglichen Ball, als auch jene mit dem provisorischen Ball zählen.

5.

5.1. 10 Minuten vor Abschlagszeit.

5.2. Golfbag daneben abstellen, Golfwagen nie über den Abschlag ziehen, Probeschwünge daneben ausführen.

5.3. Anmelden beim Starter, Vorstellen bei den Mitspielern, Schönes Spiel wünschen, dem abschlagenden Spieler jeweils gegenüber stehen.

5.4. Mit den Mitspielern tauschen.

5.5. Um Verwechslungen zu vermeiden und den Ball zweifelsfrei identifizieren zu können.

5.6. Die Spielreihenfolge richtet sich nach der Startliste; in freundschaftlichen Runden außerhalb von Turnieren ist es Brauch nach Hcp zu starten.

5.7. Es hat jeweils die Ehre, wer am vorhergehenden Loch das beste Resultat erzielt hat; allerdings schlagen in der Regel die Herren vor den Damen ab, weil aus praktischen Gründen erst von den hinteren Abschlägen gespielt wird.

5.8. Damen Front Tees: Rot, Damen Back Tees:

Blau/Schwarz, Herren Front Tees: Gelb, Herren Back Tees: Weiß.

5.9. Zwei Schlägerlängen.

5.10. Ja.

5.11. 2 Strafschläge, der Schlag zählt nicht und muss wiederholt werden; es folgt der dritte Schlag.

5.12. Ja, am Abschlag ist dies ausnahmsweise gestattet, dem Spieler sollen optimale Ausgangsbedingungen zur Verfügung stehen; der Ball darf auch aufgeteet werden.

5.13. Straflos wieder aufteen, zählt nicht als Schlag.

5.14. Ja, jeder Versuch den Ball zu treffen zählt.

5.15. Fore rufen.

5.16. Nicht zurücklegen, sondern mit Sandgemisch auffüllen, sofern dies zur Verfügung steht.

6.

6.1. Es ist stets derjenige Spieler an der Reihe, dessen Ball am weitesten vom Loch entfernt ist.

6.2. Mit 1 Strafschlag zurücklegen.

6.3. Ebenfalls zurücklegen, aber für beide straflos.

6.4. 2 Strafschläge wegen Spielens von einem falschen Ort.

6.5. Mitspieler informieren und ihm Gelegenheit geben, das Prozedere zu beobachten; die Lage des Balls muss vorher markiert werden.

6.6. Nein, es darf nichts, das angewachsen oder befestigt ist, bewegt, gebogen oder gebrochen werden.

6.7. Er muss lose und natürlich sein.

6.8. Ja, straflos, sofern sich dabei der Ball nicht bewegt.

6.9. Nein.

6.10. Er muss beweglich (lose) und künstlich sein.

6.11. Ja, straflos.

6.12. Zurücklegen, straflos.

6.13. Nein, von Gegenständen die das Aus begrenzen gibt es nie straflose Erleichterung.

6.14. Unbewegliche Hemmnisse.

6.15. Bei Behinderung von Stand oder Schwung.

6.16. Nächstgelegenen Ort, nicht näher zum Loch, bestimmen, wo frei vom Hemmnis gestanden und geschwungen werden kann; straflos einen Ball innerhalb von 1 Schlägerlänge fallen lassen.

6.17. Ja, wenn die Straße in den Platzregeln als Bestandteil des Platzes erklärt worden ist.

6.18. Zeitweiliges Wasser (vor allem Regenpfützen), Boden in Ausbesserung (blau markiert oder in den Platzregeln besonders erwähnt) und gewisse Tierspuren.

6.19. Zurücklegen, ausnahmsweise straflos.

6.20. Bei Behinderung von Stand oder Schwung bzw. wenn der Ball darin liegt.

6.21. Nächstgelegenen Ort, nicht näher zum Loch, bestimmen, wo der Ball nicht mehr im ungewöhnlich beschaffenen Boden liegt und wo frei von ihm gestanden und geschwungen werden kann; straflos den Ball innerhalb von 1 Schlägerlänge droppen.

6.22. Ebenfalls straflose Erleichterung, wobei von dem Punkt ausgegangen wird, wo der Ball zuletzt die Grenze zum ungewöhnlich beschaffenen Boden gekreuzt hat.

6.23. Nein.

6.24. Ja.

6.25. Nächstgelegenen Ort, nicht näher zum Loch, bestimmen, wo der Ball nicht mehr auf dem Grün liegt; straflos den Ball innerhalb von 1 Schlägerlänge fallen lassen.

6.26. Kurz gemähte Flächen.

6.27. Ball aufnehmen, reinigen und straflos so nahe wie möglich bei seiner ursprünglichen Lage droppen.

6.28. Egal, es ist die freie Entscheidung des Spielers (NB: Überall außer im Wasserhindernis).

6.29. Nein, es kostet 1 Strafschlag.

6.30. 3 Möglichkeiten, siehe S. 104.

6.31. Zurückgehen zur Stelle des letzten Schlags und mit 1 Strafschlag einen neuen Ball fallen lassen, am Abschlag darf aufgeteet werden.

6.32. Zurückgehen und den richtigen Ball spielen; die Schläge mit dem falschen Ball zählen nicht, doch Sie erhalten 2 Strafschläge (der falsche Ball sollte zurückgelegt werden).

6.33. Noch weiter zurückgehen, nämlich zur Stelle, wo der letzte Schlag mit dem richtigen Ball erfolgt ist; mit einem zusätzlichen Strafschlag einen neuen Ball fallen lassen, am Abschlag darf aufgeteet werden.

6.34. Disqualifikation; beim Wettspiel nach Stableford hingegen gibt es an diesem Loch einfach einen Strich.

6.35. Ja.

6.36. Ja, aber es ist darauf zu achten, dass die Partie, welche gerade das betreffende Loch spielt, nicht behindert wird.

6.37. Die nachfolgende Partie ist mit einem deutlichen Zeichen zum Überholen aufzufordern.

7.

7.1. Nein.

7.2. Ja.

7.3. Zurückgehen und den richtigen Ball spielen; die Schläge mit dem falschen Ball zählen nicht, aber der Fehler kostet 2 Strafschläge.

7.4. Der Sand darf vor dem Schlag nicht berührt werden.

7.5. Nein.

7.6. Ja, er ist ein bewegliches Hemmnis.

7.7. Zurücklegen, straflos.

7.8. Ja, nächstgelegenen Ort, nicht näher zum Loch, aber im Bunker, bestimmen, wo der Ball möglichst nicht mehr im ungewöhnlich beschaffenen Boden liegt und wo möglichst frei von ihm gestanden und geschwungen werden kann; straflos den Ball innerhalb von 1 Schlägerlänge droppen; oder mit 1 Strafschlag außerhalb des Bunkers, auf der rückwärtigen Verlängerung der Linie Loch-Ball droppen.

7.9. Ja.

7.10. 3 Möglichkeiten, vorwiegend im Bunker, siehe S. 116f.

7.11. Im Bunker in Spielrichtung.

8.

8.1. Frontale Wasserhindernisse: Gelb, seitliche Wasserhindernisse: Rot.

8.2. Nein, ausschlaggebend sind nur die Markierungspfähle bzw. ihre geradlinige Verbindung.

8.3. Zurücklegen, in der Regel straflos.

8.4. Weder Wasser noch Boden dürfen vor dem Schlag berührt werden.

8.5. Ja.

8.6. Zurückgehen und den richtigen Ball spielen; die Schläge mit dem falschen Ball zählen nicht, aber der Fehler kostet 2 Strafschläge.

8.7. Nein.

8.8. Ja.

8.9. Nein.

8.10. Nein.

8.11. Nein.

8.12. Nein.

8.13. Frontales Wasserhindernis: 2 Möglichkeiten jeweils mit 1 Strafschlag, siehe S. 123; seitliches Wasserhindernis: 4 Möglichkeiten jeweils mit 1 Strafschlag, siehe S. 124.

9.

9.1. Weiß.

9.2. Der Ball ist verloren und darf nicht gespielt werden; der provisorische Ball wird mit 1 Strafschlag zum Ball im Spiel; falls kein provisorischer Ball gespielt wurde: Zurückgehen zur Stelle des letzten Schlags und mit 1 Strafschlag einen Ball fallen lassen, am Abschlag aufteen.

9.3. Nein.

9.4. Ja.

9.5. Ja.

9.6. Nein.

9.7. Nein, der Ball ist verloren, siehe Antwort 9.2.

10.

10.1. Nein, im Sinn der Regeln nicht; dennoch muss es geschont werden wie das Grün.

10.2. Nein, erst auf dem Grün.

10.3. Pitchmark ausbessern.

10.4. Ausrüstung außerhalb deponieren, keinen anderen Schläger als Putter verwenden, keine Spikesspuren hinterlassen, Fahne vorsichtig handhaben und außerhalb des Grüns ablegen, nicht auf den Putter stützen.

10.5. Derjenige, dessen Ball am nächsten beim Loch liegt, d. h. der mit Spielen als Letzter an der Reihe ist.

10.6. Nein.

10.7. 2 Strafschläge.

10.8. 2 Strafschläge, der getroffene Ball muss zurückgelegt werden.

10.9. Ja.

10.10. Sand und loses Erdreich.

10.11. Zurücklegen, ausnahmsweise straflos (besser ist es, den Ball vorher zu markieren und aufzunehmen).

10.12. Ja.

10.13. Wenn sich der ungewöhnlich beschaffene Boden auf der Puttlinie befindet.

10.14. Nächstgelegenen Ort, nicht näher zum Loch, bestimmen, der die Behinderung soweit als möglich ausschließt; straflos den Ball dort hinlegen (nicht innerhalb von 1 Schlägerlänge).

10.15. 10 Sekunden warten.

10.16. Er muss erneut eingelocht werden.

10.17. Derjenige, welcher als Erster eingelocht hat.

11.

11.1. Kontrollieren und unterschreiben (Zähler und Spieler).

11.2. Nein.

12.

12.1. Lochverlust.

12.2. Nein, im Lochspiel kann „geschenkt" werden.

12.3. Ja.

12.4. Ja, er ist auch über zugezogene Strafschläge zu informieren; Versäumnis wird in der Regel mit Lochverlust bestraft.

12.5. Ja, es ist immer derjenige Spieler an der Reihe, dessen Ball am weitesten vom Loch entfernt ist. Am Abschlag hat jeweils die Ehre, wer das letzte Loch gewonnen hat.

12.6. Der Gegner darf verlangen, dass der Schlag annulliert und straflos in der richtigen Reihenfolge wiederholt wird.

12.7. Straflos, aber der Gegner darf verlangen, dass der Schlag annulliert und von innerhalb der Abschlagsfläche wiederholt wird.

12.8. Zurücklegen, straflos.

12.9. Zurücklegen, 1 Strafschlag für Sie als Spieler.

12.10. Straflos weiterspielen oder straflos den Schlag annullieren und wiederholen.

12.11. Lochverlust.

12.12. Derjenige, welcher zuerst außerhalb eines Hindernisses einen Schlag mit dem falschen Ball gemacht hat; ist dies nicht feststellbar, so muss das Loch mit den verwechselten Bällen zu Ende gespielt werden.

12.13. Straflos, der getroffene Ball muss zurückgelegt werden.

12.14. Nein, im Lochspiel ist dies nicht erlaubt.

VII. Stichwortverzeichnis

Stichwortverzeichnis

Stichwortverzeichnis

Englisches Glossar

Approach	Annäherungsschlag
Backspin	Rückwärtsdrall des Balls
Bag	Golftasche
Break	Neigung des Grüns
Caddie	Hilfsperson des Spielers
Chip	Kurzer, flacher Annäherungsschlag auf das Grün
Club	Schläger sowie Golfclub (Verein)
Decisions	Entscheidungen zu den Golfregeln
Dimples	Einbuchtungen auf der Außenschale des Golfballs
Divot	Herausgeschlagenes Rasenstück
Dogleg	Spielbahn mit starkem Knick
Drive	Abschlag
Driving Range	Übungsgelände
Drop	Ball fallen lassen
Fairway	Kurz gemähte Spielfläche
Flight	Spielergruppe
Fore	Warnruf auf dem Golfplatz
Green	Grün
Ground under repair (GUR)	Boden in Ausbesserung
Handicap	Klassierungsziffer für die Spielstärke
Hole-in-one	Ass (mit einem einzigen Schlag einlochen)
Hook	Flugbahn mit starker Linkskurve
Local Rules	Platzregeln
Lady	Dame sowie sehr kurzer Schlag vom Herrenabschlag
Match play	Lochspiel
Mulligan	Wiederholungsschlag nach missglücktem Abschlag
Out of bounds (OB)	Aus
Pitch	Kurzer, hoher Annäherungsschlag auf das Grün
Pitchmark	Balleinschlagloch
Pro	Profispieler/Golflehrer
Rough	Ungemähte, naturbelassene Flächen
Score	Schlagzahl für ein Loch oder die ganze Runde
Scratch	Handicap 0
Slice	Flugbahn mit starker Rechtskurve
Spikes	Nägel/Noppen am Golfschuh
Stableford	Besondere Zählart nach Punkten
Stroke play	Zählspiel
Tee	Abschlag sowie Stift zum Aufsetzen des Balls

Alle Regeln spielend im Griff!

Da das vorliegende Buch zu groß ist, um es in der Golftasche mitführen zu können, haben wir für Sie eine kompakte Version mit den wichtigsten Regeln erstellt: „Golfregeln kompakt", ein handliches, wasserabweisendes Ringbuch, das auf rasche und einfache Weise alle auf einer Runde häufig vorkommenden Regelfragen beantwortet.

Schritt 1
Die Schnellübersicht auf der letzten Seite zeigt Ihnen, ob Sie Erleichterung erhalten.

Schritt 2
Schlagen Sie den Bereich auf, in dem sich Ihr Ball befindet bzw. wo sich das Vorkommnis ereignet hat.

Schritt 3
Finden Sie anhand der Überschriften und Bilder die richtige Lösung für Ihren Regelfall.

„Golfregeln kompakt" wurde international mehrfach preisgekrönt. Über 250.000 verkaufte Exemplare in mehr als 20 Sprachen machen es zu einem weltweiten Bestseller.

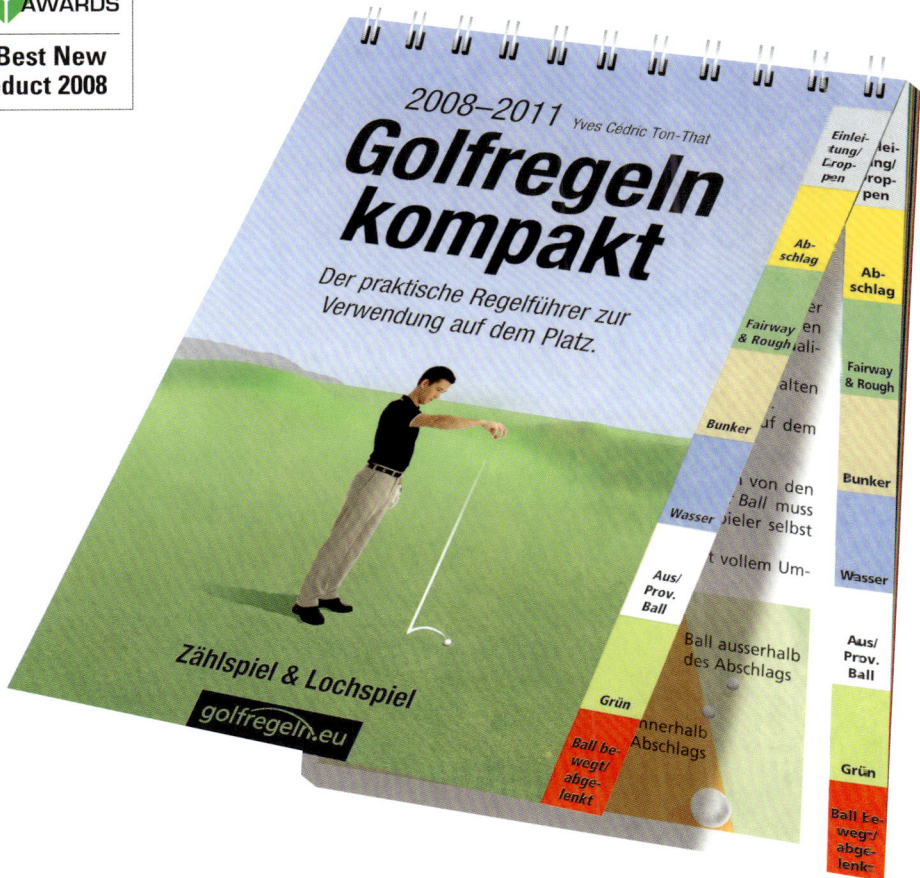

Golfregeln kompakt
Der praktische Regelführer zur Verwendung auf dem Platz
von Yves C. Ton-That, 48 Seiten, über 170 farbige Abb., plastifiziert, spiralisiert, Artigo Publishing International, 1. Auflage 2008, ISBN 978-3-909596-15-7

Erhältlich im Buchhandel sowie in guten Golfshops oder unter www.golfregeln.eu

Golfregeln zum Schmunzeln

Was ist zu tun, wenn eine Ziege den Ball auffrisst?

Wie muss bei einem Ball im Kuhfladen vorgegangen werden und weshalb sollten Ehepartner besser nicht Greensome spielen?

Wer wann wo und wie geschummelt hat.

Antworten auf diese und viele andere brisante Fragen finden Sie in den beiden amüsanten Büchern „Soll ich droppen oder was ...?" und „Fore oder was ...?" von Yves C. Ton-That. Hier werden die wichtigsten Regeln noch einmal aufgegriffen und anhand von witzigen und illustrierten Geschichten erläutert.

„Endlich ein Buch, das die Golfregeln auf unterhaltsame Weise vermittelt. In 14 amüsante Geschichten verpackt, werden hier die wichtigsten Regeln dargelegt. So machen die Golfregeln Spaß."

Oskar Brunnthaler, G.O.L.F.-Time

„Wem nach dieser Lektüre die Regeln nicht klar sind, dem ist nicht zu helfen."

Erich Helmensdorfer, Frankfurter Allgemeine Zeitung

Zum Schmökern

„Ein guter Spruch ist die Wahrheit eines ganzen Buches in einem einzigen Satz", sagte einst Theodor Fontane. Dies bestätigt sich einmal mehr im Buch „GOLF ZITATE", denn die hier zusammengetragenen Aussprüche vermitteln so viel Wissen über Schwung & Technik, mentale Einstellung und viele andere Aspekte des Golfspiels, wie man es sich nur durch die Lektüre zahlreicher Bücher aneignen könnte. 600 Aussprüche von Golflegenden wie Bobby Jones, Ben Hogan, Arnold Palmer, Severiano Ballesteros, Tiger Woods u.v.a. machen dieses Buch zu einem höchst aufschlussreichen und zugleich amüsanten Lesevergnügen. Liebevoll zusammengestellt und illustriert lässt dieses Buch das Herz eines jeden Golfers höher schlagen.

„Ich verbringe so viel Zeit im Wald, dass ich schon sagen kann, welche Pflanzen essbar sind."

Lee Trevino

„Manch ein Golfer steht zu nah am Ball – auch nachdem er geschlagen hat."

Sam Snead

„Bei einem Schlag muss das Timing perfekt stimmen – bei einem Schwung stimmt es von selbst."

Grantland Rice

„Weshalb ich mit einem neuen Putter spiele? Weil der alte nicht so gut schwimmen konnte."

Craig Stadler

„Erhoffe dir das Beste, rechne mit dem Schlimmsten – und nimm's, wie's kommt!"

Gene Sarazen

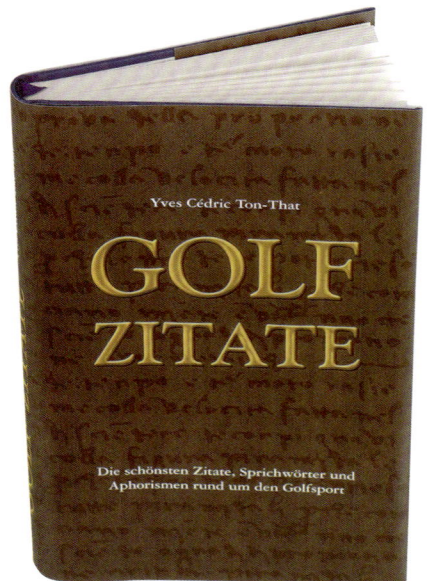

GOLF ZITATE
Die schönsten Zitate, Sprichwörter und Aphorismen rund um den Golfsport
Herausgegeben von Yves C. Ton-That, 208 Seiten, 600 Zitate, illustriert, gebunden mit Goldprägung, Artigo Publishing, 3. Auflage 2008, ISBN 978-3-9521596-5-1

Zum Spaß

Auf einem Golfplatz lauern tausend Gefahren: Wilde Tiere, unberechenbare Naturgewalten, unzulängliche Ausrüstung, missliebige Mitspieler, tückische Regeln und Hindernisse – und nicht zuletzt der Spieler selbst. Alle diese Faktoren machen dem Golfer das Spiel und damit das Leben schwer. Wie man auf dem Golfplatz durch kluges Verhalten, taktisches Geschick und eine Prise Hinterlist trotzdem überlebt, verrät dieses Buch. Für einmal geht es also nicht um den idealen Griff oder den perfekten Schwung, sondern ums nackte Überleben auf den Fairways und im Rough – ein unverzichtbarer Ratgeber für jeden Golfer. Schönes Spiel!

Das Buch enthält zahlreiche Cartoons und ist eine witzige Geschenkidee.

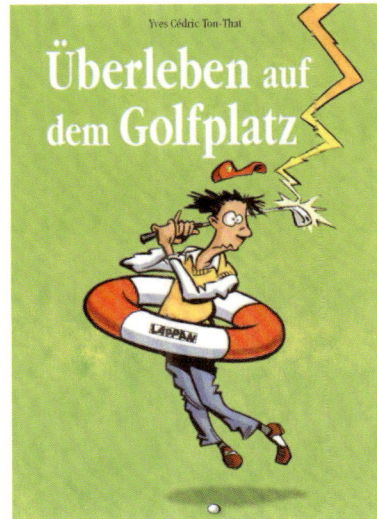

Überleben auf dem Golfplatz
von Yves C. Ton-That, 64 Seiten, illustriert, farbig, Lappan Verlag/
Artigo Publishing International, 4. Auflage 2008, ISBN 978-3-8303-3064-6

Für Kursleiter und Golfpros

Für die Durchführung von Regel- und Etikettekursen sind die wichtigsten Buchinhalte von „Golfregeln & Etikette: Klipp und klar!" auf dieser CD als PowerPoint Präsentation zusammengefasst. 77 Folien, aufgeteilt in über 350 Einzelseiten machen das Durchführen von Regelabenden zum Kinderspiel. Die perfekte Ergänzung zum Buch als Lehrmittel.

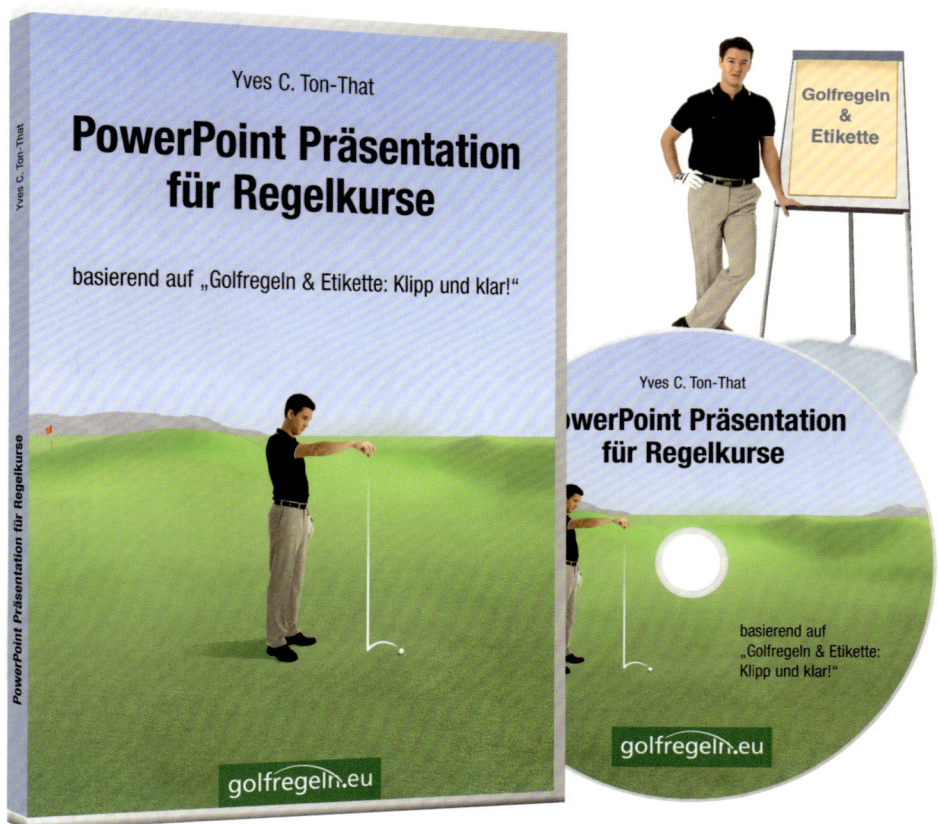

Die Präsentation wurde in enger Zusammenarbeit mit Kursleitern erstellt und auf deren Bedürfnisse zugeschnitten. Sie entspricht den geltenden Regeln 2008-2011.

Für weitergehende Informationen wenden Sie sich bitte an:
Artigo Publishing International, Am Wasser 55, CH-8049 Zürich
Tel. +41-43-3215555, Fax +41-43-3215556, E-Mail info@artigo.ch